Auxiliando a humanidade a encontrar a Verdade

ANTIGA HISTÓRIA DO BRASIL

Ludwig Schwennhagen

ANTIGA HISTÓRIA DO BRASIL
DE 1100 A.C. A 1500 D.C.

© 2004 - Conhecimento Editorial Ltda

Antiga História do Brasil de 1100 a.C. a 1500 d.C.
(Os fenícios no Brasil)
LUDWIG SCHWENNHAGEN

Todos os direitos desta edição reservados à
CONHECIMENTO EDITORIAL LTDA.
Caixa Postal 404, CEP 13480-970 - Limeira, SP
Fone/Fax: 19 3451-5440
www.edconhecimento.com.br

Nos termos da lei que resguarda os direitos autorais, é proibida a reprodução total ou parcial, de qualquer forma ou por qualquer meio — eletrônico ou mecânico, inclusive por processos xerográficos, de fotocópia e de gravação —, sem permissão por escrito do editor.

Atualização do texto original: **Eduarda Zandron**
Revisão de texto:
Maria José Teodora Carreira Rey
Pesquisa iconográfica e projeto gráfico:
Sérgio F. Carvalho
Colaboraram nesta edição:
Antonio Rolando Lopes Júnior
• **Mariléa de Castro** • **Julieta Leite**
Foto da capa: **Erika Lais**

ISBN 978-85-7618-154-5 - 5ª EDIÇÃO — 2008
• Impresso no Brasil • *Presita en Brazilo*

Produzido no departamento editorial da
CONHECIMENTO EDITORIAL LTDA
Impresso na

a gráfica digital da **EDITORA DO CONHECIMENTO**
grafica@edconhecimento.com.br

Dados Internacionais de Catalogação na Publicação (CIP)
(Câmara Brasileira do Livro, SP, Brasil)

Schwennagen, Ludwig
Antiga História do Brasil - de 1100 a.C. a 1500 d.C. (Os fenícios no Brasil) / Ludwig Schwennhagen ; introdução e notas de Moacir C. Lopes ; [atualização do texto original Eduarda Zandron] — 5ª ed. revista e ampl. — Limeira, SP : Editora do Conhecimento, 2004.

Bibliografia
ISBN 978-85-7618-154-5

1. Arqueologia - Brasil - Paraíba 2. Brasil - História - Até 1500 3. Fenícios - História - Paraíba 4. História antiga 5. Inscrições fenícias - Brasil - Paraíba I. Lopes, Moacir C. II. Zandron, Eduarda. III. Título: Os fenícios no Brasil.

08-07463   CDD - 981.3301

Índice para catálogo sistemático:
1. Fenícios na Paraíba : Arqueologia 981.3301

LUDWIG SCHWENNHAGEN

ANTIGA HISTÓRIA DO BRASIL
DE 1100 A.C. A 1500 D.C.

Introdução e notas de
Moacir C. Lopes

6ª edição
2023

Introdução

FENÍCIOS, DESCOBRIDORES E COLONIZADORES DO BRASIL

Milhares de obras já foram escritas apresentando a tese de que os pré-egípcios teriam saído da América do Sul, e que foi também aqui o berço da civilização europeia. Frequentemente vemos surgirem aqui e ali indícios que reavivam essa tese e volta às manchetes o assunto, seja devido a escavações, quando se descobrem prováveis cidades soterradas, túneis e cavernas com objetos de origem antiga ou inscrições petroglíficas, seja porque algum cientista vem a países sul-americanos.

O Brasil tem sido, talvez, o menos estudado em assuntos arqueológicos ou, esporadicamente, um cientista estrangeiro descobre aqui e ali um indício e chama nossa atenção, olhe aqui, ali...

Mas ultimamente tem sido despertada a consciência dos brasileiros para a necessidade de conhecer melhor a sua terra, a sua origem. Tem havido, mesmo, grande interesse em tudo o que se relaciona com a nossa terra. Dizer que os índios brasileiros nasceram autóctones há 50 ou 100 mil anos é teoria já não muito aceita ou dizer que os primeiros habitantes da terra surgiram na África ou na Ásia e um pouco no Brasil, é assunto para se estudar com maior profundidade. Mas afirmar que os primitivos brasileiros emigraram do lendário continentes Atlântida, via Venezuela, ou chegaram em pirogas, ou desceram dos Andes, ou são pré-egípcios, ou grande parte descende dos fenícios, ou por que nossos índios possuem uma memória do Dilúvio, é assunto para se estudar mais ainda. A História existe, mas ela é também uma teoria que poderá ser ampliada ou até ter renegadas algumas de suas verdades. As teorias e verdades aristotélicas dominaram a civilização durante mais de mil anos e, tentando reformular essas verdades, muitos cientistas morreram em fogueiras, quando os senhores da verdade oficial achavam que a nova verdade poria em perigo sua hegemonia sobre os homens. Se tivermos que amanhã reformular a história brasileira, por que não o fazermos, a bem da verdade?

Se aqui e ali aparecem indícios de que os fenícios descobriram e colonizaram parte do Brasil há 3.000 anos, estudemos os indícios, os sinais de sua passagem, as escritas cuneiformes, as inscrições petroglíficas, a mão encarnada que alguém deixou gravada na pedra ou a marca noutra pedra que deixaram para indicar que por aqui passaram outros.

A obra que ora apresentamos, *Antiga História do Brasil (1100 a.C. a 1500 d.C.)*, de Ludwig Schwennhagen, é um desafio. Desafio aos arqueólogos, geógrafos, geólogos, antropólogos, filólogos, etimólogos, indianistas, prefeitos de municípios, governos de estados brasileiros, desafio a todos os brasileiros, para que estudem e expliquem melhor a sua terra, a sua gente, suas heranças mais remotas. Desafio lançado por esse austríaco em 1928 e que se perdeu na restrita área do Piauí, quando a Imprensa Oficial de Teresina lançou essa obra em primeira edição e seus poucos exemplares desapareceram no manuseio de mão em mão.

Desafio que volta a ser lançado na reedição desta obra de excepcional valor para os estudos da origem brasileira, quando as teses de seu autor vêm despertando intensa curiosidade e estão merecendo até apoio oficial.

Ao tomar o leitor este livro às mãos, por certo se fará perguntas que talvez nunca tenha ouvido, como, por exemplo: foi Pedro Álvares Cabral quem descobriu o Brasil em 1500 d.C. ou navegadores fenícios em 1100 a.C.? Cabral o terá descoberto por acaso como narram os compêndios de história, ou ele já conhecia, detalhadamente, a descrição feita pelo historiador grego Diodoro, no século I, antes de Cristo, na sua *História Universal*? Ou teria Cabral em mãos a carta de navegação, descrevendo as costas do Brasil, confeccionada por Toscanelli, a mando de Fernando Teles, em 1473? Onde fica a lendária *Insula Septem Civitatum*, ou Ilha das Sete Cidades, que os romanos tanto buscavam, e cuja descrição já aparecia em latim numa crônica de Porto-Cale (Porto), em 740 d.C., como sendo um novo Éden, a ilha dos Sete Povos, onde existiam ouro e muitas outras riquezas? Ficaria nos

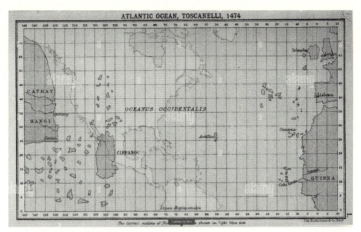

Mapa de Paolo Toscanelli, 1474

Açores, na Ilha da Madeira, nas Antilhas ou nas costas do Piauí, no Brasil? Quais os primeiros mineradores que exploraram ouro e pedras preciosas no Brasil? Os portugueses ou engenheiros egípcios? Buscavam apenas ouro e metais preciosos ou também salitre para o embalsamamento de seus mortos? Ou engenheiros mandados pelos reis Davi e Salomão, em aliança com o rei Hirã, nos anos 991 a 960 antes da era cristã? Quem primeiro oficiou funções religiosas aos índios brasileiros? Henrique de Coimbra ou sacerdotes da Ordem dos Magos da Caldeia, da Suméria ou da Mesopotâmia? Foram os portugueses os primeiros a exportarem pau-brasil? Mas, nas memórias de Georg Fournier, da Marinha francesa, não consta que os bretões e normandos já traficavam com os selvagens do rio São Francisco, que lhes vendiam o pau brasil?

Perguntas dessa natureza estão implícitas nesta admirável obra de Ludwig Schwennhagen, que pode ser lida até por leitores de literatura circunstancial, como se lê um livro de mistério, tal o interesse que nos desperta, mas é obra de exaustiva pesquisa.

A primeira edição de *Antiga História do Brasil* é de 1928, da Imprensa Oficial de Teresina e teve o título: *Tratado Histórico de Ludovico Schwennhagen,* professor de filosofia e história. Como vemos, o autor assinou-se, não sabemos se por espontânea vontade, como Ludovico. Preferimos, na sua reedição, conservar-lhe o nome original, que é Ludwig. Pouco se sabe a seu respeito. Em Teresina existe uma memória no povo de que "por aqui passou esse alemão calmo e grandalhão que ensinava história e bebia cachaça nas horas de folga, andava estudando umas ruínas pelo estado do Piauí e outras do Nordeste e que chegou a Teresina no primeiro quartel deste século, não se sabe de onde e morreu sem deixar rastro, não se sabe de quê, e andava rabiscando uns manuscritos sobre a origem da raça tupi, lendo tudo o que era pedra espalhada por aí. Seu nome é tão complicado que muitos o chamavam Chovenágua". É muito pouco para se situar um estudioso de seu quilate.

No livro *Roteiro das Sete Cidades*, de autoria de Vitor Gonçalves Neto, publicado pela *Imprensa Oficial de Teresina*, para as Edições "Aldeias Altas", de Caxias, Maranhão, em 1963, livro gostoso de se ler, em que descreve as Sete Cidades e cita vários trechos deste livro de Schwennhagen, comentando-o através de personagens bem típicos, o autor faz o seguinte oferecimento: "À memória de Ludovico Schwennhagen, professor de história e filosofia, que em maio de 1928 levantou a tese meio absurda de que os fenícios foram os primeiros habitantes do Piauí. Em sua opinião, as Sete Cidades serviram de sede da ordem e do congresso dos povos tupis. Nasceu em qualquer lugar da velha Áustria de ante-guerras, morreu talvez de fome, aqui, n'algum canto do Nordeste do Brasil. Orai por ele!"

Encontramos na Biblioteca Nacional um livreto intitulado: *Meios de Melhorar a Situação Econômica e Moral da População do Interior do Amazonas*, conferência dos drs. Ludwig Schwennhagen, membro da Sociedade de Geografia Comercial de Viena, d'Áustria, e Luciano Pereira da Silva, publicista – Rio de Janeiro, tipografia do *Jornal do Comércio*, 1912. Esse livreto reproduz as conferências que fizeram esses dois estudiosos no salão nobre da Associação Comercial do Amazonas, na noite de 15 de agosto de 1910. Ali não só este autor se escreve com o nome original de Ludwig, como na conferência seguinte, Luciano Pereira da Silva refere-se constantemente às opiniões de seu colega, citando sempre o doutor Ludwig.

Na sua conferência, cita Schwennhagen que, com o "deputado federal Monteiro Lopes, meu companheiro de viagem até a fronteira peruana, estivemos com as pessoas mais distintas de Tefé, Fonte Boa, São Paulo de Olivença, Santa Rita e outros. Estacionamos nessa viagem em mais de quarenta cidades, vilas e povoações... eu mesmo visitei cinco seringais, nos quais examinei..."

Mais adiante, à p. 14, opina: "há ainda uma outra objeção importantíssima: segundo meu plano de colonização, talvez dez mil famílias poderiam ser domiciliadas aqui como colonos..." – E ainda: "Quando os cearenses virem que como colonos domiciliados podem encontrar para si e para suas famílias uma vida melhor e um lucro mais alto que viajando como nômades de um lado para o outro do país..."

Vemos por aí que Ludwig Schwennhagen já andava em 1910 percorrendo o Brasil e estudando as condições sociais do povo brasileiro. Posteriormente, iniciou longo curso de viagens por todo o interior do Norte e Nordeste, cremos que também do Sul, tendo estado no Espírito Santo, estudando o aspecto das inscrições petroglíficas encontradas em todo o território brasileiro.

Infelizmente não temos maiores dados sobre ele, quando e onde morreu. Não encontramos referências a ele nos documentos a que recorremos. Talvez na Áustria se conheça mais sobre ele. Concitamos principalmente os piauienses a buscarem maiores dados sobre esse "alemão calmo e grandalhão" que, para explicar a história antiga e a origem da raça brasileira, tanta contribuição deu à história do Piauí, tendo ali residido durante anos, ensinado e pesquisado.

Quanto ao seu livro *Antiga História do Brasil*, este tem sido fonte de estudos há mais de quarenta anos, inspiração do livro a que nos referimos, de Vitor Gonçalves Neto, e motivo principal de dois artigos em jornais, um publicado no *Jornal do Comércio*, de Recife, em 16 de março de 1969, de nossa autoria, e o último publicado no *Jornal do Brasil*, em 21 de janeiro de 1970, de Renato Castelo Branco.

Devemos a divulgação de obra de Schwennhagen ao esforço e entusiasmo do eminente engenheiro Raimundo Nonato Medeiros, delegado do Instituto Brasileiro de Desenvolvimento Florestal do Piauí e administrador do Parque Nacional de Sete Cidades, no município de Piracuruca, região hoje tombada como patrimônio histórico, a única pessoa, talvez, que possui um exemplar dessa obra, além do exemplar existente na coleção de obras raras

Antiga História do Brasil - de 1100 a.C. a 1500 d.C.

da Biblioteca Nacional. Tivemos conhecimento dela em fevereiro de 1968, quando fomos a Teresina a convite de nosso amigo João Bezerra da Silva. Através dele travamos conhecimento com a nova geração de intelectuais piauienses, da qual destacamos o desembargador Simplício de Souza Mendes, Arimathea Tito Filho, Fontes Ibiapina, drs. Darcy e Nodge, Otávio Bentes Guimarães, o Basílio, cultores da melhores tradições de sua terra e entusiastas colaboradores da divulgação daquele patrimônio histórico milenar que são as ruínas das Sete Cidades de Piagui.

Em maio de 1968, lemos no jornal *O Dia*, do Rio de Janeiro, uma notícia vinda dos Estados Unidos, acompanhada da reprodução de um quadro de símbolos; dizia o texto: "Encontrados na Paraíba e levados para Walthan, em Massachussets, nos EUA, estes símbolos foram estudados durante quase cem anos. Finalmente o professor Cyrus Gordon, especialista em assuntos mediterrâneos, conseguiu decifrá-los. Indicam que os fenícios estiveram nas terras que hoje formam o nosso país, pelo menos dois mil anos antes de Cristóvão Colombo descobrir a América e Cabral chegar ao Brasil".

Dois dias após a publicação dessa nota, vimos em outro jornal outra nota: "Lusos: Cabral chegou antes", em que alguns portugueses radicados no Brasil mostram-se mesmo "revoltados, manifestando a disposição de fazer uma representação junto à embaixada dos Estados Unidos..."

Logo abaixo, na mesma nota, afirma um professor do Instituto de Geociências da Universidade de Geociências da Universidade Federal do Rio de Janeiro, que "o professor americano pode estar certo, lembrando que os vikings, liderados por Ericson, estiveram na América antes de Colombo descobri-la. Acrescentou que o professor teve o mérito de decifrar os símbolos encontrados na Paraíba e levados para os EUA. Assinalou que a notícia o surpreendeu, porque nunca ouvira falar na existência desses símbolos em áreas do Nordeste".

Ora, não é outro assunto se não esse, o de que trata o presente livro, e de que tratam muitos outros livros já publicados no Brasil e em Portugal, na Inglaterra e em outros países, embora seja *Antiga História do Brasil* o que mais se dedica ao assunto.

Primeiramente, vejamos o que traduziu o professor

Cyrus Gordon dos símbolos encontrados na Paraíba:

> Somos filhos de Canaã, de Sídon, a cidade do rei. O comércio nos trouxe a esta distante praia, uma terra de montanhas. Sacrificamos um jovem aos deuses e deusas exaltados no ano 19 de Hirã, nosso poderoso rei. Embarcamos em Ezion-Geber, mar Vermelho e viajamos com 10 navios. Permanecemos no mar juntos por dois anos, em volta da terra pertencente a Ham (África), mas fomos separados por uma tempestade e nos afastamos de nossos companheiros e assim aportamos aqui, 12 homens e três mulheres. Numa nova praia, que eu, o almirante, controlo. Mas, auspiciosamente possam os exaltados deuses e deusas intercederem em nosso favor.

Essas inscrições foram encontradas no final do século passado, em Pouso Alto, Paraíba. Foram descobertas pelo engenheiro de minas Francisco Soares da Silva Rotunda, que dirigiu, a respeito, um relatório, em 7 de julho de 1896, ao presidente da Província da Paraíba, o qual foi transcrito na Memória constante do nº 4 da *Revista do Instituto Histórico Brasileiro*. Foi justamente Rotunda quem copiou as inscrições de uma pedra. Na ocasião, o dr. Ladislau Neto examinou-as e as considerou apócrifas. Mas, tendo sido enviadas, cremos que, primeiramente, à França, o sábio francês Ernesto Renan as estudou detalhadamente e declarou serem de verdadeira origem fenícia. Seguindo depois para os Estados Unidos, o assunto dormiu durante quase cem anos, até que o professor Cyrus Gordon, de Brandeis University, em Boston, com a sua reconhecida autoridade em línguas mortas, aprofundou-se no assunto e decifrou-as, tendo em princípio deste ano (1969) vindo ao Brasil para assenhorar-se melhor, no local, da natureza das inscrições petroglíficas brasileiras.

Em 1896 foi publicado em Manaus um tratado do historiador Henrique Onfroy de Thoron, que pretendeu interpretar as misteriosas viagens do rei Salomão. Thoron sabia latim, grego e hebraico e conhecia também as línguas tupi e quíchua. Interpretou ele da Bíblia hebraica, palavra por palavra, que a narração do *I Livro dos Reis* sobre a construção e viagem da frota dos judeus, junto com a frota dos fenícios, do rei Hirã, da cidade de Tiro,

Antiga História do Brasil - de 1100 a.C. a 1500 d.C.   13

então capital fenícia, referia-se ao rio Amazonas, onde organizaram a procura de ouro e pedras preciosas, estabelecendo naquele local colônias e ensinando aos indígenas a mineração e lavagem de ouro pelo sistema dos egípcios, conforme descrição que nos deixou Diodoro, minuciosamente, nos capítulos 11 e 12 do 3° tomo de sua *História Universal*.

O nosso grande historiador e arqueólogo Bernardo de Azevedo da Silva Ramos, amazonense, chegou a juntar cópias de 3.000 letreiros e inscrições encontrados no Brasil e em outros países americanos, e aponta semelhanças com inscrições encontradas em outros países do velho mundo. Bernardo Ramos esteve na Pedra da Gávea, no Rio de Janeiro, estudou a inscrição ali encontrada, afirmou ser de caracteres fenícios e traduziu-os:

"Tiro, Fenícia, Badezir primogênito de Jethabaal".

Essas inscrições foram encontradas em 1836, no pico dessa montanha, a uma altitude de 840 metros, e mede cada uma três metros. Badezir reinou na Fenícia de 855 a 850 a.C., como seu pai reinara de 887 a 856. Pode-se concluir que a inscrição, se considerarmos verdadeira a tradução de Ramos, teria sido gravada entre os anos 887 a 850 a.C. e provaria a evidência de que os fenícios, já antes da era cristã, teriam estendido suas expedições à América do Sul, e essas inscrições teriam tido o intuito de imortalizar a glória do nome fenício, além da simples demarcação das entradas ao interior do Brasil.

Alexandre Braghine, no seu livro *O Enigma da Atlântida*,[1] sustenta a tese de que o berço da civilização teria sido a América do Sul, de povos descendentes do continente Atlântida. A teoria sobre a Atlântida aparece **em milhares** de obras, desde Platão, que a menciona

[1] **EDITORA DO CONHECIMENTO**, 3ª edição, 2010.

Codex Cartesianus

em seus diálogos *Timeu e Crítias*. "Era um país – dizia Platão – que ficava situado além das colunas de Hércules (o estreito de Gilbraltar até as ilhas de Cabo Verde). Essa ilha era mais vasta que a Líbia e a Ásia reunidas, e os navegantes passavam dela para outras ilhas e destas para o continente que borda esse mar". Referia-se o filósofo, evidentemente, à América. Também Homero alude a ela, e Sólon, Eurípedes, Estrabão, Dionísio de Halicarnasso, Plínio. Até sobre um hipotético continente chamado Mu, desaparecido no Pacífico, levantaram discussões e é tema do livro *The Lost Continent of Mu*, de James Churchward, editado nos Estados Unidos. O autor manuseou o Codex Cartesianus e analisou as duas mil pedras com inscrições descobertas por Niven no noroeste do México, para reforçar sua teoria. Tradições arraigadas de povos orientais, chineses, tibetanos, indianos, mongóis, se referem a um continente situado no Pacífico e que teria submergido em consequência de uma grande catástrofe. E os homens daquele continente já dispunham de aparelhos voadores e possuíam mesmo a capacidade de poderem viajar pelas estradas siderais desconhecidas e atingir os desembarcadouros de distantes planetas.

São teorias e antigas tradições que apresentamos apenas como referências. Mas, voltando a Alexandre Braghine, cita ele à p. 258 de sua obra:

> Os principais arqueólogos que percorreram o Mato Grosso são o senhores R. O. Marsh,

o general Cândido Rondon, o dr. Barbosa, Bernardo da Silva Ramos, Apolinário Frot e Lecointe. Ramos e Frot descobriram naquele estado inscrições rupestres em fenício, em egípcio e até em língua suméria, assim como textos escritos em caracteres alfabéticos análogos aos empregados antigamente em Creta e Chipre. Certamente são surpreendentes essas descobertas, porém Marsh chegou à conclusão de que o Mato Grosso encerra vestígios de uma civilização muito mais antiga que a dos fenícios e cários. Como já disse anteriormente, as tradições correntes entre os indígenas falam num grande e poderoso império que se estendia, em tempos muito afastados, para o oeste e o norte de Mato Grosso e, nessas lendas, parece haver fundamento.

Na mesma obra, à p. 153, Braghine menciona uma carta que recebeu do Brasil, do engenheiro Apolinário Frot, que dizia:

Os fenícios serviam-se, para gravar suas inscrições sul-americanas, dos mesmos métodos que os antigos egípcios usavam nos primeiros tempos para a sua escrita hieroglífica. Estes métodos eram empregados pelos astecas, como também pelos povos desconhecidos aos quais se atribuem os petróglifos da bacia do Amazonas. O resultado de minhas investigações é tão surpreendente que eu hesito em publicá-lo. Para dar-lhe uma ideia, basta dizer que tenho em mãos a prova da origem dos egípcios: os antepassados desse povo saíram da América do Sul.

Ora, resultados tão surpreendentes que Frot se recusava a publicá-los, temendo contrariar as verdades estabelecidas, são bem explicáveis, porquanto Humboldt, que tanta contribuição deu ao Brasil nos seus estudos da vegetação amazônica, das condições climáticas e até de inscrições, foi atingido pela ordem régia em 2 de junho de 1800, que proibia a entrada de estrangeiros nos domínios das províncias do Pará e do Maranhão. Mas, as notas de Apolinário Frot devem existir em algum lugar e, se descobertas, muito adicionariam aos estudos das origens do povo brasileiro.

Cândido Costa, paraense, foi outro historiador que muito se dedicou ao estudo das inscrições encontradas no Brasil. Em 1896 publicou em Belém, Pará, sua obra *O Descobrimento da América e do Brasil*, em homenagem ao quarto centenário do descobrimento do Brasil.

As Duas Américas de Cândido Costa.

Em 1900, tendo ampliado a mesma obra, publicou-a em Lisboa, pela antiga Casa Bertrand, de José Bastos – Mercador de Livros, com o título *As Duas Américas*. Nessa obra, Cândido Costa menciona inúmeras inscrições, obras de arte e utensílios antigos encontrados no Brasil.

Menciona ele à página 38:

> Lorde Kingborough dispensou somas consideráveis para provar que às tribos de Israel é que o Novo Mundo deve a origem de suas civilizações; e Brasseur de Bourbourg reconheceu entre os selvagens do México e da América Central o verdadeiro tipo judaico, assírio e egípcio, tendo também observado perfis gravados nas ruínas de Karnac muito semelhantes aos da Judeia.

Escreveu Ferdinand Denis que, tendo o conde de Nassau enviado ao centro de Pernambuco um seu compatriota, encontrou este duas pedras, perfeitamente redondas e sobrepostas, e outras amontoadas pelas mãos dos homens, e as comparou com alguns monumentos toscos que vira em Drenthe, na Bélgica.

José de Sá Betencourt Acioli, natural de Minas Gerais, e bacharel em ciências naturais pela Universidade de Coimbra, fundando em 1799 um estabelecimento de plantações de algodão nas margens do rio Das Contas, na Bahia, em terras compradas do capitão-mor João Gonçalves da Costa Dias, por ocasião das escavações para firmar alicerces de uma casa nesse terreno, encontrou uma espada com copos de prata, e, prosseguindo as escavações, foram ainda encontrados pedaços de louça puríssima da Ásia e diversos artefatos de vidro com bordados e dourados.

Existe também uma Memória, datada de 1753, em que o seu autor dá notícia de uma cidade abandonada no interior da Bahia, na qual existiam palácios, inscrições, colunas, aquedutos, ruas, arcos. É mencionado nessa Memória que certo indivíduo, chamado João Antônio, achara nas ruínas das casas da dita cidade um dinheiro em ouro, de forma circular, tendo de um lado a figura de um jovem ajoelhado e do outro, arco, coroa e seta. Como preciosidades que foram encontradas numa praça, citam uma coluna de pedra preta e de grandeza extraordinária e, sobre ela, a estátua de um homem regular, com a mão na ilharga esquerda e o braço direito estendido, mostrando com o dedo índex o Polo Norte. E, em cada canto da praça, estava uma agulha imitando as que usavam os romanos, mas algumas já estragadas e partidas.

Em 1840, chegou à Bahia a fragata dinamarquesa Belonne, com os tenentes Svenson, Schuls e o naturalista Kruger, encarregados de examinarem as ruínas dessa cidade, mas não lhes foi possível descobrir o local em que estava localizada.

Antônio Galvão, no seu *Tratado dos Descobrimentos Antigos e Modernos*, Lisboa, 1731, cita à p. 8:

> No ano 590, antes da encarnação de Cristo, partiu da Espanha uma armada de mercadores cartagineses feita a sua custa, e foi contra o Ocidente por esse mar grande, ver se achava alguma terra. Diz que foram dar nela. E que é aquela, a que agora chamamos Antilhas e Nova Espanha, que Gonçalo Fernandes de Oviedo quer que nesse tempo fosse já descoberta.

O mesmo Galvão afirma que os antigos não só conheciam a América, como a sua primitiva população é oriunda da Ásia.

Cândido Costa diz, na obra citada, referindo-se ao "Santuário da Lapa", em Pernambuco:

Se ficar provado que este antigo templo é obra humana, estará provada também a existência de uma civilização pré-histórica no Brasil.

Menciona também que Robert M. Larney, reitor de Clanfert, escreveu uma carta ao editor de *Public Opinion*, alegando que São Brandão, o patrono de sua igreja, catedral de Clonfert, Galway, na Irlanda, fundada em 558 de nossa era, não somente colonizou a América 900 anos antes do nascimento de Colombo, como também evangelizou uma porção do povo daquele país, naquela época.

Há também na Irlanda a lenda de que São Patrício percorreu diversas partes do Atlântico.

Como vemos, é vasta a literatura e as teorias, teses e hipóteses levantadas quanto à descoberta e colonização do Brasil por povos antigos. Mas, nenhum se aprofundou tanto no assunto quanto Ludwig Schwennhagen nesta obra. E mais extensos são seus estudos etimológicos sobre a origem da língua tupi.

Esta obra terá vida longa na literatura histórica brasileira, principalmente a partir de agora, quando o Patrimônio Histórico, através de seu diretor Renato Soeiro e por inspiração e grande interesse de Renato Castelo Branco no exame das ruínas e inscrições das Sete Cidades, vai subvencionar pesquisas nas áreas do Nordeste, nomeando universidades e museus em vários estados do Brasil como seus representantes regionais, principalmente o Museu Goeldi, do Pará, através de seus pesquisadores, que deverão viajar neste ano em visita às Sete Cidades. É iniciativa, enfim, de enfrentar-se o problema. E esta obra será, talvez, a maior fonte de consulta.

Moacir Costa Lopes
Rio de Janeiro, 1970

Capítulo 1

O ESTUDO DA HISTÓRIA NO ANTIGO BRASIL

O Brasil possui uma extensa literatura sobre sua "pré--história"; os autores dessas obras chamam-se também "indianistas", devido aos seus estudos sobre as línguas e dialetos dos antigos habitantes deste continente. São trabalhos de alto interesse e grande valor, como os de Couto Magalhães, do pernambucano Alfredo Carvalho, cuja morte prematura foi lamentável, assim como de muitos outros. Mas, essas obras não tratam de história, não procuram as datas cronológicas para os acontecimentos que descrevem. Por isso elas não encontram o nexo das coisas, que é o fio condutor no desenvolvimento dos povos do nosso planeta.

É muito interessante raciocinar que o planalto de Goiás foi o primeiro ponto seguro da crosta terrestre; dizer que a raça tapuia nasceu autóctone no Brasil, há 50 milênios, ou calcular que a Atlântida foi antigamente ligada com o Brasil e ficou emersa entre 90 mil e 9 mil anos antes de Cristo. Essas são lendas paleológicas, com as quais não pode contar a historiografia.

O estudo da antiga história brasileira começou no Norte. Em 1876, apresentou Onfroy Thoron, em Manaus, seu excelente tratado sobre as viagens das frotas do rei Hirã de Tiro, da Fenícia, e do Rei Salomão, da Judeia, no rio Amazonas, nos anos 993 a 960 antes de Cristo.[1] O sucessor de Thoron em Manaus é Bernardo Ramos, um legítimo amazonense, com traços característicos da descendência tapuia, também com a inata modéstia dessa antiga raça brasileira. Bernardo Ramos é hoje o primeiro paleógrafo do Brasil, um Rui Barbosa no terreno das ciências arqueológicas. Sua obra é o produto de um trabalho assíduo, de

[1] Henrique Onfroy de Thoron, monografia intitulada *Voyages des Vaisseaux de Salomon au Fleuve des Amazones*, publicada em Gênova em 1869 e em Manaus, em 1876. Consta também do tomo IV dos Anais da Biblioteca e Arquivo Público do Pará, de 1905.

Bloco com gravuras, Rio Urubu (Macuará). *Inscrições e Tradições da América Pré-Histórica,* Bernardo de Azevedo da Silva Ramos, Imprensa Nacional, 1930.

30 anos. São quatro grandes volumes, com as cópias de 3.000 letreiros e inscrições, a metade do Brasil e de outros países americanos, a outra parte dos países dos três velhos continentes. O autor compara sempre as inscrições americanas com inscrições semelhantes dos países do velho mundo, para provar a homogeneidade da escrita. Bernardo Ramos foi primeiro numismata e vendeu algumas coleções de moedas, com bom lucro. Esse dinheiro, ele o aproveitou para fazer viagens longínquas às três Américas. Visitou também Europa, Egito e Babilônia, para estudar, em todos esses países, as antigas inscrições.

A obra de Bernardo Ramos ainda não está impressa (1928).[2] O autor apresentou o seu manuscrito, com todas as fotografias e desenhos anexos, sucessivamente aos presidentes drs. Epitácio Pessoa e Arthur Bernardes, que examinaram minuciosamente a obra e prometeram providenciar a impressão de trabalho tão valioso. É de se esperar que dificuldades não se sobreponham à publicação de tão erudito e importante trabalho.

Cândido Costa, o grande historiador-colecionador do Pará, mandou publicar o seu magnífico livro *As Duas Américas*, prudentemente, em Portugal. Esse livro vale para o Brasil como uma biblioteca de história universal nas faculdades de letras do Sul do Brasil. Seu livro é farto em notícias importantes sobre o antigo Brasil, obrigan-

---

[2] A **EDITORA DO CONHECIMENTO** dispõe em seu acervo da edição original do livro *Inscrições e Tradições da America Pré-histórica Especialmente do Brasil* de Bernardo de Azevedo da Silva Ramos e, graças a tecnologia digital, poderá fornecer aos interessados reproduções no formato original.

do o leitor a pensar e iniciar novos estudos. Apreciável e coerente é, por exemplo, a crítica do autor a respeito do chamado Santuário da Lapa, em Pernambuco, de que afirma: "Se ficar provado que este antigo templo é obra humana, estará provada também a existência de uma civilização pré-histórica no Brasil". Isso é claro e inegável. O autor deste tratado pesquisou, no interior de Pernambuco, aquele importante edifício pré-histórico. No respectivo capítulo serão explicados todos os pormenores desse testemunho da antiga civilização e da clarividência histórica de Cândido Costa.

No Maranhão formou-se, em redor da simpática figura do jovem professor Ruben Almeida, um novo centro de estudos históricos, para indagar do passado maranhense e restabelecer a antiga fama da "Atenas Brasileira".

No Piauí, o interesse pela história antiga do estado faz parte do seu patrimônio intelectual. Desde o erudito governador do estado,[3] que favorece generosamente todos os estudos científicos piauienses, até o novíssimo aluno do Liceu ou da Escola Normal, existe em todos o mesmo interesse pela história da antiga pátria dos tabajaras.

O Ceará é um notável centro de inteligência e energia intelectual, onde se estuda, com alto interesse, as coisas históricas. Na primeira fileira estão as figuras proeminentes do senador Thomaz Pompeu e do Barão de Studart, que exortam pelo seu trabalho infatigável seus contemporâneos, assim como a geração jovem, a se dedicarem a novos estudos. Mesmo nas cidades menores, como Camocim, Sobral, Quixadá, Baturité e muitas outras, existem centros intelectuais, onde se trabalha e estuda a história e a pré-história da terra cearense.[4]

Nos quatro menores estados do Nordeste encontrou sempre o autor deste opúsculo um forte interesse pelos estudos da antiguidade brasileira. Os governadores dos estados facilitaram as suas indagações em toda parte. Os institutos históricos forneceram-lhe indicações importantes sobre todos os pontos da história. Esses institutos

---

3 Odilon Nunes, o notável historiador piauiense, dedica algumas páginas ao assunto tratado nesta obra, referindo-se a ela e às opiniões emitidas por Ludwig Schwennhagen, na sua Pesquisas para a *História do Piauí*, Vol. I, Imprensa Oficial do Estado do Piauí, 1966.
4 Também Gustavo Barroso dedicou-se a esses estudos em *Aquém da Atlântida*.

já possuem pequenas coleções de cópias de letreiros antigos, provenientes do interior desses estados. Também particulares se ocupam com o estudo das inscrições. Em Acari, no Rio Grande do Norte, encontramos um agricultor e desenhista, José Azevedo, que nas suas horas livres copiou os letreiros da região, com muito cuidado, e compilou um interessante quadro de letras do antigo "alfabeto brasílico", sobre que falaremos adiante.

Em Bananeiras, na Paraíba, surpreendeu-nos o filósofo-químico José Fábio, com um grande quadro de letreiros, apanhados nos rochedos da serra dos Cariris Velhos. Havia tirado também pequenas quantidades da tinta encarnada, com a qual são sobrepintadas as linhas cravadas nas pedras. O exame químico dessa tinta revelou a mistura de óxido de ferro com um elemento gomoso vegetal, que os antigos químicos fabricavam com tanta felicidade e que resistiu, com sua cor viva, ao sol e à chuva, durante dois milênios. Em Picuí, na Paraíba, conseguimos obter, no Paço Municipal, do comerciante José Garcia e de outro senhor, cópias de inscrições que existem na vizinhança daquela cidade, com indicações exatas dos respectivos lugares. Muito grande é também o número dos prefeitos que nos deram minuciosas informações sobre os letreiros que existem nos seus municípios.[5]

Esses fatos constataremos oportunamente perante a crítica dos incrédulos, que reclamam cópias fotográficas dos letreiros e certificados elucidativos sobre a veracidade de tais comunicações. É-lhes fácil tal crítica a eles que nunca andaram mesmo nos sertões e nunca viram um só

---

5 "Contudo, as inscrições lapidares que se encontram em penhascos e grutas, por muitas partes do Brasil, especialmente no Nordeste e na Amazônia, quando não esculpidas, são desenhadas com tintas que, pelo frescor e nuanças que ainda guardam, levam a crer que foram feitas com alguma substância mineral que as torna quase indeléveis. Foram traçadas por artífice de uma civilização que havia ultrapassado a idade da pedra, e que já se utilizava de metais e se tornara capaz de elaborar uma composição química. Os índios contemporâneos da conquista atribuíam tais pictografias a seus avoengos mais remotos, enquanto pesquisadores modernos presumem que foram deixadas por povoadores doutra casta de gentios que antecedeu às dos gentios da época do descobrimento, ou mesmo pertencentes a alguma civilização que floresceu no continente oriental. Uns aceitam-nas como simples passatempo de seus autores, outros, como propósito comunicativo e até mesmo descritivo, aqui deixadas por tribo nômade ou povo errante ainda não identificado. Ainda outros pretendem elucidar as dúvidas e afirmam que foram gravadas pelos fenícios, há cerca de 2500 anos. Os argumentos em torno da tese histórica, com referência aos fenícios, são por vezes pueris, outros repousam, entretanto, em critério científico e, pela complexidade do assunto, abrangem toda a área cultural dos primitivos americanos". – Odilon Nunes, op. cit. pg. 24/25.

letreiro com seus próprios olhos. Petróglifos que existem em rochedos há 2000 a 2500 metros, não é possível fotografá-los. Ficam cuidadosamente desenhados; verifica-se com os dedos, com boa lente, as linhas meio gastas, tiram-se com faca as crostas sobrepostas e reconstrói-se, com critério, o conjunto da antiga escrita.[6]

O engenheiro francês Apollinário Frot, que viveu 30 anos no interior da Bahia e juntou ali cerca de cem cópias de inscrições e letreiros, constatou que todos esses petróglifos são documentos da antiga mineração. Encontrou a chave dos sinais, compreendeu as medidas das distâncias e o sistema das antigas estradas de penetração. Finalmente, descobriu o sr. Frot que há 300 anos antes o português Roberto Dias tinha encontrado e compreendido o significado desses letreiros que lhe haviam indicado o lugar das ricas minas de prata, na bacia do alto São Francisco.[7]

6 Em página anterior, refere-se o autor a Bernardo da Silva Ramos, em cuja obra, então inédita, apareciam cópias de quase 3.000 letreiros, e formulava Schwennhagen esperanças de que fosse publicada, dada a sua importância. Foi essa excepcional obra de Ramos editada no Rio de Janeiro, em 1930, pela Imprensa Oficial. Consta de dois volumes, num total de mais de mil páginas, com cópias de cerca de 3.000 inscrições, encontradas no Brasil e outros países. Numa das primeiras páginas consta o seguinte "Parecer", conferido pelo Instituto Geográfico e Histórico do Amazonas:

"A Comissão de Arqueologia, examinando o trabalho apresentado pelo coronel Bernardo de Azevedo da Silva Ramos, sobre *Inscrições e Tradições da América Pré-histórica Especialmente do Brasil*, considerando:
— que, isolados, os símbolos das inscrições exibidas correspondem eles a caracteres de alfabetos fenício, grego, paleográfico, grego de inscrição, hebraico, árabe e chinês;
— que a coordenada dos caracteres forma palavras;
— que a sucessão de palavras, assim representadas, forma sentido;
— que a autenticidade das inscrições é assegurada, ora por fotografias, ora pela autoridade das obras de onde foram extraídas;
— que as tradições referidas no trabalho estão vulgarizadas por autores cuja competência não se pode contestar;
— que os desenhos da cerâmica, representada nesse trabalho, correspondem ao estilo grego;
— que esses desenhos, pela sua precisão e simetria, jamais poderiam ser feitos pelas tribos indígenas existentes no Brasil por ocasião de sua descoberta;
— que aquelas inscrições foram indubitavelmente produzidas por mão humana e hábil;
resolve julgar o aludido trabalho digno de ser aprovado e aceitas as suas respectivas teorias e conclusões.

    Manaus, 4 de maio de 1919
    assinam: João Baptista de Farias e Souza
                Nicolau Tolentino
                José da Costa Teixeira"

7 Alexandre Braghine, em sua obra *O Enigma da Atlântida*, Irmãos Pongetti Editores, 1959, tradução de Marina Bastian Pinto, do original *The Shadow of Atlantis*, também se refere a Apollinário Frot, à p. 153:
    Viajando pelo norte do Brasil há uns quinze anos, tive ocasião

Está largamente provado que existiu, no primeiro milênio antes da era cristã, uma época de civilização brasileira. Já conhecemos dois mil letreiros e inscrições espalhados sobre todo o território brasileiro e escritos nas pedras com instrumentos de ferro ou de bronze, ou com tintas indeléveis, quimicamente preparadas.

Essas inscrições petroglíficas foram feitas por homens que sabiam escrever e usaram os alfabetos dos povos civilizados do Mar Mediterrâneo. Já provado também se acha que existiu uma navegação transatlântica entre esses povos e o continente brasileiro, durante muitos séculos antes de Cristo.

A maior parte dos letreiros brasílicos são escritos com letras do alfabeto fenício e da escrita demótica do Egito. Existem também inscrições com letras da antiga escrita babilônica, chamada suméria. Além disso, temos letreiros escritos com hieróglifos egípcios, e podemos diferenciar, em outros lugares, variantes de letras que se encontram nas inscrições da ilha de Creta, da Cária, da Etrúria e Ibéria. Encontram-se também letras gregas e mesmo latinas.

Os sábios especialistas que se dedicam só ao estudo da petroglífia compreenderão mal esse "caos" da antiga escrita brasileira. O historiador tira suas conclusões numa outra base. O estudo da história começa com a cronologia.

de encontrar na Bahia um engenheiro francês, residente no país havia cinquenta anos... Recebi mais tarde do Sr. Frot, uma carta muito interessante, que assim se pode resumir: 'Os fenícios serviam-se, para gravar suas inscrições sul-americanas, dos mesmos métodos que os antigos egípcios usavam nos primeiros tempos para a sua escrita hieroglífica. Esses métodos eram empregados pelos astecas, como também pelos povos do Amazonas. O resultado das minhas investigações é tão surpreendente que eu hesito em publicá-lo. Para dar-lhe uma ideia, basta dizer que tenho em mãos a prova da origem dos egípcios: os antepassados desse povo saíram da América do Sul. Eles tinham criado três poderosos impérios, dos quais dois no continente que acabo de citar e um no antigo continente. Este englobava o noroeste da África, a península Ibérica e as ilhas vizinhas. Os pré-egípcios tinham partido de 57° 42' 45" de Longitude Oeste de Greenwich (Frot não indicava a Latitude): o fato está mencionado em um antigo documento tolteca que possuo e o qual contém ao mesmo tempo uma história resumida dos pré-egípcios. Ainda mais, descobri na Amazônia uma inscrição que narra a viagem efetuada na terra que hoje é a Bolívia, por um certo sacerdote pré-egípcio'. A inscrição à qual alude este trecho da interessante carta de Frot é sem dúvida a que foi descoberta na bacia do rio Madeira. Este acontecimento produziu sensação naquele tempo na imprensa brasileira. A decifração do texto prova que em época remota um grupo de pré-egípcios foi ter às minas de prata da Bolívia.

Antiga História do Brasil - de 1100 a.C. a 1500 d.C.

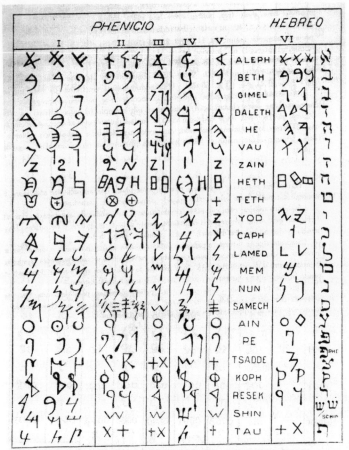

Alfabeto fenício compilado por Bernardo de Azevedo da Silva Ramos.

Primeiro se indaga a data histórica de um acontecimento, ou de uma inscrição. No caso de ser impossível encontrar o ano, procura-se a década; se essa também é incerta, define-se o século no qual se deu o acontecimento.

Influência fenícia no Mediterrâneo.

As navegações dos fenícios começaram 2500 anos a.C., mas limitaram-se, durante muitos séculos, ao mar Mediterrâneo. O estreito de Gibraltar foi dominado pelo império dos Atlantes, cuja capital foi Gades. A dinastia de Atlas reinou em ambos os lados do estreito cerca de 500 anos. Fora do estreito, nas costas e ilhas atlânticas dominaram os tartéssios, cuja capital era Tartessos (ou Tarsos, na foz do rio Ton Tarsis) Guadiana. As frotas dos tartéssios andaram, como disse o salmista hebraico Davi, em todos os lugares, e sua capital possuía riquezas iguais às riquezas da Babilônia. Esses antecessores dos portugueses já navegavam entre a Península Ibérica e América Central 1500 anos antes da era cristã. É provável que os tartéssios navegassem também nas costas do Brasil.

Os atlantes, bem como os tartéssios,[8] foram sobreviventes e refugiados da Atlântida, cujo último desmoronamento devemos colocar na época de 2000 a 1800 a.C. Os atlantes, que se domiciliaram em Marrocos e no sul da Ibéria, tornaram-se um povo conquistador. Platão conta que eles quiseram subjugar todos os povos do Mediterrâneo e apareceram também com grandes exércitos na Grécia, mas sofreram uma derrota perto de Atenas. Na península de Peloponeso,[9] um filho do rei Atlas fundou um reinado, e a filha Maia casou com outro rei da mesma península, que era aliado dos atlantes. Cerca de 1300 a.C. foi destruído o império dos atlantes pela dinastia ibérica dos geriões, que fundaram um poderoso império nacional na península, com a capital Carteja.

Os tartéssios se abstiveram de qualquer ingerência nas lutas continentais e limitaram-se ao seu império marítimo. Os fenícios aproveitaram-se da queda do império dos atlantes e procuraram uma aliança com os geriões, bem como uma amizade e aliança comercial com os tartéssios. Ambos concordaram que os fenícios estabelecessem uma estação marítima em Gades e que suas frotas mercantes pudessem passar o estreito, para navegarem nas costas atlânticas. Isso foi cerca do ano 1200 a.C., quando já a cidade de Tiro (ou

8 Nota do Editor: provavelmente, no final da Idade de Bronze, chegou à atual Andaluzia uma raça de cultura superior, a qual por haver fundado a cidade de Tartessos se chamou tartéssia. Procedia da África (onde refugiou-se após o fim da Atlântida), e dominou os antigos habitantes, provavelmente iberos. Também estes eram de raça africana razão pela qual alguns consideravam como iberos os tartéssios.

Os restos da civilização tartéssia foram descobertos em 1922-1923, nas marismas da atual desembocadura do Guadalquivir, mas Tartessos esteve numa ilha do delta que então formava o rio. Na época do rei Salomão (1000 anos antes de Cristo) ficou conhecida como uma cidade populosa.

A península ibérica foi invadida várias vezes por tribos oriundas da África. Nos séculos anteriores à era do cristianismo viveram nela os iberos, de raça africana, que povoaram todo o norte da África, desde o mar Vermelho até o oceano, e, com certeza, invadiram várias vezes a península.

9 "Peloponeso", em grego, significa ilha de Pélops. Os primitivos habitantes da região pensavam, a julgar pelo nome, que a península fosse uma ilha. Pélops é um personagem mítico que teria vindo da Ásia Menor e se tornado seu primeiro rei.

Antiga História do Brasil - de 1100 a.C. a 1500 d.C.   27

Turo) tinha alcançado a hegemonia sobre todas as cidades e colônias fenícias. Em 1100 a.C., chegou a primeira frota dos fenícios às costas do nordeste do Brasil e, em 1008 a.C., entrou o rei Hirã de Tiro numa aliança com o rei Davi, da Judeia, para explorarem comumente a amazônia brasileira.

O rei salmista conta esse acontecimento com as seguintes palavras:

> O meu Senhor encheu meu coração com prudentes conselhos. Para edificar ao Supremo um templo digno de sua glória, precisava eu de um aliado que me ajudasse com a sua riqueza. Deus me mostrou Hirã, rei daquele poderoso Tur, que ganhou tantas riquezas pela sua aliança com os tartéssios, cujas frotas andam em todos os mares.

E num outro salmo, disse Davi:

> Quando o Supremo mandar seu delegado, o Messias, todos os reis deste mundo se submeterão ao seu império, e apresentarão tributo e ricos presentes: os reis do Egito, da Núbia, de Tartessos e das ilhas longínquas do Oceano.

Verifica-se que Davi, o aliado dos fenícios, tinha seguro conhecimento do império marítimo dos tartéssios e sabia que os fenícios já haviam feito parte desse domínio colonial. Davi morreu em 997 a.C. e temos, nessa data histórica, um ponto seguro para o nosso cálculo cronológico da antiga história brasileira.

No capítulo seguinte será explicada a primeira viagem transatlântica dos fenícios, cerca de 1100 a.C., e contaremos a estada dos fenícios no Brasil, desde esta data. A metrópole da Fenícia, a cidade de Tiro, foi destruída por Alexandre Magno em 332 a.C.; até essa data, quer dizer, durante 769 anos, continuaram as relações marítimas e comerciais entre a Fenícia (a atual Síria) e o Brasil. As imigrações de egípcios para o Brasil, em navios dos fenícios, começaram no tempo do usurpador Chechonk, que se apoderou do trono dos faraós em 935 a.C. Essa imigração recebeu um novo impulso pela invasão dos núbios, sob o chefe Napata, em 750 a.C., que anarquizou todo o Egito. Os cartagineses participaram do domínio brasileiro dos fenícios desde 700 a.C. e ficaram ali até a destruição de Cartago pelos romanos, em 147 a.C., quer dizer, durante 533 anos.

Nessa época, que se estendeu quase sobre um milênio inteiro, foram escritos os letreiros que encontramos ainda hoje nos rochedos do interior do Brasil. Não é possível que todos eles sejam escritos pelo mesmo sistema e alfabeto. A escrita dos fenícios modificou-se, nesse grande espaço de tempo, diversas vezes. Também a escrita demótica dos egípcios não ficou sempre na mesma. Formou-se o alfabeto grego e depois apareceu o alfabeto itálico-latino. Os cartagineses foram um povo conquistador e levaram nos seus navios tripulantes e soldados de diversas nações. As inscrições brasileiras foram escritas por mercantes e mestres-de-obras das minas. Foram comunicações deixadas pelas diversas expedições, para indicar o rumo das estradas, as distâncias dos lugares e a situação das minas.

É muito provável que tenha desaparecido, no correr do tempo, uma grande parte dos letreiros e quase todos que foram escritos em placas soltas. Silva Ramos encontrou algumas placas com escritos em Atuma, no Amazonas. No Museu Goeldi, no Pará, existem alguns vasos com letras, que foram encontrados nos aterros da ilha de Marajó. Na sala do sumé, do Castelo das Sete Cidades, no Piauí, existe ainda a chamada "biblioteca", contendo dúzias de placas de pedras coladas pela ação atmosférica, umas em cima das outras; talvez, desligando-se essas placas por um processo químico, se poderá verificar se elas contêm escritos.

Finalmente, é de se supor que os chefes dos povos tupis, principalmente os sacerdotes-piagas, aprenderam o modo de escrever dos estrangeiros e o preparo das tintas indeléveis. Assim começou também o costume entre os

Antiga História do Brasil - de 1100 a.C. a 1500 d.C.   29

povos indígenas, de fazer desenhos artísticos e humorísticos nas paredes lisas dos rochedos, costume que se estendeu até a América do Norte. O investigador cuidadoso, porém, encontrará sem dificuldades, grande diferença entre as inscrições da escrita fenícia-egípcia e as similares petroglíficas do humorismo dos indígenas.

Inscrições encontradas no litoral de Moura (região do rio Negro). *Inscripções e Tradições da América Pré-histórica,* de Bernardo de Azevedo da Silva Ramos.

Capítulo 2

LISTA CRONOLÓGICA DOS FATOS HISTÓRICOS, DESDE 1100 A.C. ATÉ 1500 D.C.

I - O primeiro descobrimento

O escritor grego Diodoro (da Sicília) dá-nos, nos capítulos 19 e 20 do 5° livro da sua *História Universal*, a descrição da primeira viagem duma frota de fenícios que saiu da costa da África, perto de Dacar, e atravessou o oceano Atlântico no rumo do Sudoeste. Os navegadores fenícios encontraram as mesmas correntezas oceânicas de que se aproveitou Pedro Álvares Cabral para alcançar o continente brasileiro, e chegaram com uma viagem de "muitos dias" às costas do nordeste do Brasil.

Conforme o cálculo cronológico, dado no capítulo precedente, devemos colocar essa viagem, esse primeiro descobrimento do Brasil, na época de 1100 anos a.C. Diodoro conta a viagem da frota dos fenícios quase com as mesmas palavras com que narram os compêndios escolares brasileiros a viagem de Cabral: os navios andavam para o Sul, ao longo da costa da África, mas, subitamente, perderam a vista do continente e uma violenta tempestade levou-os ao alto mar. Ali, perseguindo as mesmas correntezas, descobriram eles uma grande ilha, com praias lindas, com rios navegáveis, com muitas serras no interior, cobertas por imensas florestas, com um clima ameno, abundante em frutas, caça e peixe, e com uma população pacífica e inteligente.

Os navegantes andaram muitos dias nas costas dessa ilha (que foi a costa brasileira entre Pernambuco e Bahia), e tendo voltado ao mar Mediterrâneo, contaram a boa nova aos tirrênios, que eram parentes e aliados dos fenícios de Tiro. Estes resolveram logo mandar também uma expedição à mesma ilha e fundar ali uma colônia.

Para compreender essa narração de Diodoro, precisamos nos ocupar desse grande escritor. Nascido em

Agrigento, cidade grega da Sicília, viveu em Roma, como contemporâneo de Cícero e Júlio César, com os quais teve relações amigáveis. Escreveu uma história universal em 45 livros, dos quais possuímos mais da terça parte. Era um historiador muito consciencioso, fez longas viagens e sabia numerosas línguas. Sua obra é uma fonte inesgotável para os nossos conhecimentos da Antiguidade. Como grego, não era ele amigo dos fenícios e dos cartagineses, mas reconheceu o grande valor dessas nações de navegantes para a civilização geral dos povos. Seria uma ofensa pueril contra a historiografia pretender que Diodoro tivesse inventado aquela narração da viagem transatlântica dos fenícios.

Temos para isso uma confirmação indireta de parte do mesmo escritor. Em outro lugar fala Diodoro sobre a viagem duma frota cartaginesa na costa da África, até o golfo de Guiné. Foram 50 grandes cargueiros, chamados carpássios, com 30.000 pessoas a bordo, com o fim de fundar colônias no Sudoeste da África. Era chefe da expedição o general Hanon, que foi encarregado de estabelecer um grande domínio colonial para Cartago, no lado oriental do Oceano Atlântico. Essa viagem foi realizada cerca de 810 a.C. mas a expedição não obteve resultado. Diodoro enumera todas as estações da viagem e indica as distâncias geográficas, que correspondem exatamente às atuais. Os kerneos, um povo civilizado, resquício da Atlântida desfeita, que moravam na costa do Senegal, ajudaram aos cartagineses para encontrarem lugares para

Criação artística mostrando um barco fenício navegando.

a projetada colonização mas as condições do país eram tão selvagens que ninguém quis ficar ali. Então, Hanon foi obrigado a voltar, com todos os navios e passageiros, à sua terra.

Essa narração prova que Diodoro conhecia bem a situação da África Ocidental, do oceano Atlântico e do golfo de Guiné, e sabia perfeitamente que a "grande ilha", descoberta pelos fenícios, era situada no outro lado do Atlântico. A expedição de Hanon prova mais que os cartagineses, naquele tempo rivais dos fenícios do Partido de Tiro, invejavam-nos, devido ao domínio colonial que os tírios possuíam no continente brasileiro. Por esse motivo, quiseram criar um domínio igual no Sul da África.

Quanto às correntes oceânicas que levaram os fenícios, bem como Pedro Álvares Cabral, ao Brasil, "contra a sua vontade", é preciso destruir essa lenda definitivamente.

O capitão do porto de Natal, no Rio Grande do Norte, recebeu, no fim do ano de 1926, de um pescador, uma garrafa-correio que continha uma notícia do cruzador inglês Capetown. Essa belonave cruzava a costa ocidental da África e, passando o golfo da Guiné, lançou a garrafa, que chegou, em rápida viagem de seis semanas, à costa do Rio Grande do Norte. As correntes oceânicas que saem da Guiné, rumo ao Brasil, foram conhecidas dos navegadores da antiguidade como na Idade Média. Os fenícios haviam navegado nas costas ocidentais da África, como amigos e aliados dos tartéssios, já há cem anos, e tiveram conhecimento da existência da "grande ilha" no outro

Antiga História do Brasil - de 1100 a.C. a 1500 d.C.   33

lado do Atlântico. Por isso, procurando as correntes ocidentais, chegaram em poucas semanas à costa brasileira. Pedro Álvares Cabral, o mais nobre navegador da frota do rei Manoel, ele, cujo bisavô já conhecia toda a costa ocidental da África, com todas as suas correntes, aproveitou aquela conhecida estrada marítima para chegar rápida e seguramente à costa do Brasil, da qual já tinha em mão o mapa geográfico.

> [...] A terra era um disco rodeado pelo oceano, coberto pela abóbada celeste ao qual o mundo subterrâneo servia de suporte. O umbigo da terra era Babilônia, ou Menfis, ou Atenas, se o observador for um babilônio, um egípcio ou um grego. Os habitantes da terra se dividiam em homens, bárbaros e monstros. Homens eram os gregos (ou os egípcios, ou os babilônios), logo eram bárbaros os demais povos e, finalmente, monstros, meio bestas, os exóticos selvagens. Tudo parecia estar em perfeita ordem sobre o disco terrestre e tudo tinha um sítio ao redor de seu umbigo.[...][1]

Colocamos o primeiro descobrimento do Brasil no ano 1100 a.C. porque os fenícios ofereceram ao rei Davi da Judeia a aliança para a comum exploração da Amazônia, em 1008 a.C. Os portugueses gastaram para chegar da Bahia ao Maranhão e ao Pará mais de cem anos. Os fenícios fizeram suas operações investigadoras com maior rapidez e conheceram, em poucos decênios, todo o litoral do Brasil, incluindo o grande "rio-mar do Norte".

Durante o primeiro século da estada dos fenícios no Brasil, deram-se ainda outras ocorrências de grande importância. Já mencionamos a resolução dos tirrênios de mandar uma frota para a mesma "ilha", quer dizer, ao continente brasileiro. Tirrênios e etruscos são os habitantes da Etrúria, da Itália Superior; foram povos pelasgos de alta cultura, conhecidos por suas construções ciclópicas e sua fina arte cerâmica. Na ilha de Marajó mostram os compridos aterros e os antigos muros de pedras "toscas", o sistema do trabalho ciclópico dos etruscos. Mais característicos são ainda os vasos cerâmicos encontrados em

---
1 Heródoto de Halicarnasso (485-452 a.de C.) relato de suas viagens.

Vasos de terracota encontrados na ilha de Marajó. **Inscrições e Tradições da América Pré-histórica**, Bernardo de Azevedo da Silva Ramos.

Marajó, que revelam claramente a arte e letras do alfabeto dos etruscos. Essa imigração pode ser colocada no espaço de 1080 a 1050 a.C.

Um outro ponto histórico está em relação com a guerra de Tróia, cujo término colocam os antigos historiadores no ano 1181 a.C. É nossa suposição, porém, que aquela época guerreira continuou ainda durante decênios. A luta para ganhar a cabeça da ponte entre Europa e Ásia era uma guerra mundial. Os troianos tinham como aliados mais de 30 povos da Ásia; os agressores gregos tiveram ao seu lado 50 povos e tribos. A guerra quase ficou sem fim e resultado. Tróia foi conquistada e destruída seis vezes, como provaram as escavações. A sétima conquista era definitiva. A guerra estendeu-se sobre a Trácia e Ásia Menor e suas consequências foram desastrosas para muitos povos. Os fenícios, que viam nos gregos os seus competidores marítimos e comerciais, estiveram com suas simpatias ao lado dos troianos e prestaram seu auxílio aos vencidos. Diodoro e outros escritores gregos contam que os fenícios levaram milhares de pessoas dos povos vencidos para suas colônias e assim fundaram diversas novas cidades com o nome de Tróia. As mais conhecidas foram Tróia, perto de Veneza, uma Tróia no Lácio, de onde

nasceu a história de Enéias,[2] uma Tróia na Etrúria, que foi chamada também Troila, uma Tróia na costa de Marrocos e uma Tróia na costa atlântica da Ibéria, perto da cidade de Vigo.

No Norte do Brasil ficou a tradição de que a cidade mais antiga dessa região fosse Tutóia, cujo morubixaba era, ainda na chegada dos europeus, o chefe reconhecido do litoral Norte, desde o Rio Grande do Norte até o Pará. O nome antigo foi provavelmente Tur-Tóia, a união dos dois nomes mais ilustres: Tur, a metrópole dos fenícios, e Tróia, o centro heróico da resistência contra os invasores gregos. A cronologia concorda perfeitamente com essa explicação, e a eliminação da consoante 'r' é regra comum na evolução da língua tupi. Os fenícios fundaram mais duas cidades com o nome Tur ou Turo, uma no Rio Grande do Norte, hoje Touros, e uma na Bahia, hoje Torre.

A chegada das amazonas ao Brasil foi na mesma época. O nome Amazonas, dado para a bacia inferior do grande rio, isto é, a região entre as fozes do rios Xingu e Parintins, é antiga; no tempo da conquista européia assim também chamavam os tupinambás o curso inferior do mesmo rio, conquanto o seu nome geral fosse Maranhão.

---

2 Essa Tróia é a mais conhecida, arqueológica e literariamente, devido à obra Ilíada, o mais antigo poema épico, escrito antes de 750 a.C., atribuído a Homero, em que narra a guerra com os gregos. O herói troiano Enéias, filho de Vênus, escapa com alguns partidários e instala-se no Lácio, dando origem ao povo romano. Entre 1870 a 1890 o arqueólogo Heinrich Schliemann identificou o local da antiga Tróia com a Colina de Hissarlik, descobrindo ali sete cidades superpostas (N. do Apres.)

A história das amazonas é um capítulo interessantíssimo da história da Antiguidade. Em geral, só se conhece a aparição dessas guerreiras sob sua rainha Pentesiléia, na guerra tróiana, onde a valente mulher desafiou Aquiles, o primeiro herói dos gregos. Mas, a história dessas guerreiras é muito mais antiga. Diversos historiadores opinam que a primeira sociedade de mulheres guerreiras formou-se na cidade de Héspera, localizada numa ilha do grande lago Tritonis, na África ocidental. Esse lago era ligado ao Oceano Atlântico por um canal; mas, ao tempo duma grande enchente, entrou o mar pelo lago a dentro, destruindo a cidade de Héspera e obrigando as amazonas a procurarem uma nova pátria.

Essa narração lembra os cataclismos oceânicos que destruíram a Atlântida; mas, existe também no interior da África Ocidental o grande lago de Chade e, de lá, sai um rio que percorre o país do Daomé,[3] onde hoje ainda vive um povo com mulheres montadas e armadas, as chamadas amazonas de Daomé. Muitos escritores viajantes do século passado visitaram e descreveram esse Estado de guerreiras africanas.

Depois da destruição da cidade de Hespera, reuniu a rainha Mirina as sobreviventes e entrou com seu exército no território dos atlantes, em Marrocos. Estes exigiram que as amazonas entregassem suas armas e se dedicassem ao trabalho agrícola. Mirina recusou-se a essa imposição e venceu-os numa batalha, obrigando-os a fornecer cavalos e víveres às amazonas. Depois invadiram a Numídia (hoje Algéria), onde existiu, sob a rainha Gorgo, uma outra sociedade de mulheres guerreiras. Mirina venceu Gorgo, a quem também foi imposto fornecer animais, vestidos e víveres. As amazonas continuaram sua viagem pelo litoral da Líbia até o Egito, onde o Faraó as recebeu com amizade e ofereceu-lhes víveres. De lá passaram à Palestina e à Síria, onde o povo lhes foi hostil, travando-se muitos combates. Os reis fenícios, porém, de Sídon e Tiro, ofereceram a Mirina paz e amizade e as amazonas ali ficaram algum tempo para repousar das fadigas da longa viagem.

Saindo da Fenícia, passaram as amazonas para a Ásia

---

3 Chade, onde fica o lago do mesmo nome, é hoje um país da África Equatorial, ao sul da Líbia, como Daomé é outro país da África Ocidental, localizado às margens do Golfo de Guiné, entre Togo e a Nigéria. (N. do apres.)

Antiga História do Brasil - de 1100 a.C. a 1500 d.C.   37

Menor, apoderando-se de um território perto do Cáucaso, na atual Armênia. Mirina organizou ali um Estado e governou-o até sua repugnância por um tal estado de tranquilidade. Sempre fizeram invasões e pilhagens no território dos vizinhos e quando arrebentou a guerra troiana, logo resolveram intervir na luta. Depois da morte da rainha Pentesiléia, uma parte das amazonas voltou à Armênia, as outras erraram e vagabundearam nos países da Ásia Menor, até que os fenícios as convidaram a ir nos seus navios para a Nova Canaã, descoberta por eles no oceano Atlântico.

Caracteristicamente, tinham as amazonas, na Armênia, um lago com uma ilha chamada Faro, onde estabeleceram um centro nacional com um pequeno templo, no qual foi sepultada a rainha Mirina. Isso foi sem dúvida em lembrança da sua antiga cidade, Héspera, na ilha do

Aquiles domina Pentesiléia e desfecha o golpe final. A amazona, ajoelhada, tenta se defender com a lança mas a espada de Aquiles começa a perfurar sua garganta e o sangue escorre. O guerreiro, barbado, usa um quíton curto (quitoniscos), grevas, couraça, elmo e espada; o olho, visível por trás do elmo, empresta-lhe um ar feroz e determinado. A guerreira também usa um quitoniscos, recoberto com uma pele de pantera, escudo e espada.

lago Tritonis. No baixo Amazonas fundaram elas a cidade de Faro e lá existe também o lago, com seu antigo templo, escondido ao meio duma pequena ilha.

II - As frotas de Hirã e Salomão no Rio Amazonas (993 a 960 a.C.)

O tratado de Henrique Onfroy de Thoron sobre o suposto país Ophir, publicado em Manaus, em 1876, e reproduzido em *As Duas Américas*, de Cândido Costa, em 1900, é um trabalho completo que acabou com todas as lendas e conjeturas a respeito das misteriosas viagens da frota de Salomão. Thoron sabia latim, grego e hebraico e conhecia a língua tupi, como também a língua quíchua, que é ainda falada nas terras limítrofes entre o Brasil e o Peru. Da bíblia hebraica prova ele, palavra por palavra, que a narração dada no 1º livro dos Reis, sobre a construção, a saída e viagem da frota dos judeus, junto à frota dos fenícios, refere-se unicamente ao rio Amazonas.[4]

As viagens repetiram-se de três em três anos, as frotas gastaram um ano entre os preparativos e a viagem de ida e volta e ficaram dois anos no alto Amazonas, para organizar a procura do ouro e de pedras preciosas. Estabeleceram ali diversas feitorias e colônias e ensinaram aos indígenas a mineração e lavagem de ouro pelo sistema dos egípcios, descrito por Diodoro, minuciosamente, no 3º livro, cap. 11 e 12 da sua *História Universal*. Ali, no alto Amazonas, exploraram as regiões dos rios Apirá, Paruassu, Parumirim e Tarchicha. No livro dos Reis, da Bíblia, está bem narrado quantos quilos de ouro o rei Salomão recebeu dessas regiões amazônicas.

O mister de nosso trabalho é principalmente a exata historiografia e, por isso, devemos acrescentar aqui algumas explicações históricas que não se encontram no trabalho de Thoron. Quando o Brasil era colônia de Portugal, os seus destinos eram dirigidos em Lisboa. Quando chegaram aqui, os antigos descobridores dependeram, também, para o desenvolvimento de suas empresas, da

---

4 É conhecida a grande amizade e forte aliança entre Salomão e Hirã. Além de servir-se Salomão da frota marítima dos fenícios, numa associação de interesses comerciais, recorreu a Hirã, quando da construção de seu templo, tendo o rei de Tiro designado um seu homônimo, o arquiteto Hirã, para comandar os trabalhos da construção do templo. (N. do Apres.)

Templo de Salomão

situação política dos países do Mediterrâneo. Os fenícios tiveram sempre muitos inimigos que invejavam as suas riquezas. Mas, bons diplomatas, com ninguém brigaram, nunca fizeram guerras agressivas e, em toda parte, solicitaram alianças políticas e comerciais. Assim, esse povo pequeno, que nunca foi mais de meio milhão de almas, espalhado sobre centenas de colônias longínquas, pôde conservar, durante dois milênios, um grande dominó marítimo e colonial.

O rei Davi, dos judeus, havia fundado um poderoso reino, que atingiu seu apogeu no longo governo de Salomão. Os fenícios mostraram-se muito amigos de seu grande vizinho, que lhes forneceu principalmente trabalhadores, que faltavam na Judeia. Ambos os países estiveram também em boas relações com o Egito, onde reinava a dinastia dos tanitas. Essa "Tríplice Aliança" deu a seus componentes uma certa segurança contra os planos conquistadores dos assírios, e favoreceu as empresas coloniais, no Atlântico. Mas, em 949 a.C., apoderou-se o chefe dos mercenários líbicos, Chechonk, do governo do Egito e destronou a dinastia dos tanitas. Esse chefe não era amigo do rei Salomão, tendo este querido repor a dinastia caída. Chechonk vingou-se, incitando Jeroboão a fazer uma revolução contra Salomão, e tornou-se o instigador da divisão do reino judaico em dois Estados. Jeroboão ficou como rei das províncias do Norte e Roboão, filho de Salomão,

As doze tribos de Israel.

ficou com Jerusalém e a província da Judeia. Depois, no quinto ano de governo de Roboão, apareceu Chechonk com grandes exércitos na Judeia, sitiou Jerusalém e obrigou Roboão a entregar-lhe quase todos os objetos de ouro do templo. Assim, levou Chechonk a maior parte do ouro que Salomão recebera da Amazônia, além de quatro grandes escudos que pesavam cinco quilos de ouro cada um, para o Egito. O usurpador mandou colocar no templo de Amon, em Karnac, uma grande lápide, na qual são narrados todos os pormenores dessa guerra contra a Judeia e enumeradas as peças de ouro que o vendedor trouxe para colocá-las nos templos egípcios. Essa lápide ainda hoje existe.[5]

Chechonk, que olhara de mau grado os negócios que haviam feito os fenícios com os judeus, ofereceu àqueles uma sociedade comercial, com o fim da procura de ouro. Assim, apareceram, de 940 a.C. em diante, egípcios no Brasil, chegados nos navios dos fenícios. Foram engenheiros, mestres-de-obra e trabalhadores de mineração que Chechonk mandou para abrirem minas de ouro no Brasil.[6]

Os maiores compradores de ouro, na antiguidade, eram os egípcios. Nenhum povo desprezou o ouro, mas os egípcios precisavam sempre do duplo e do triplo de que necessitavam os outros. Crentes na ressurreição da carne, no dia do juízo final, preparavam-se para poder ingressar

---

[5] Um documento assírio do ano 876 a.C. refere-se ao tributo que os habitantes de Tiro eram obrigados a pagar ao seu país para manterem por algum tempo aparente independência: "grande quantidade de ouro, prata, chumbo, bronze e marfim, 35 vasos de bronze, algumas vestimentas de cores vivas e um delfim" (N. do Apres.)
[6] Reportamo-nos à carta de A. Frot mencionada por Braghine (N. 7): "para dar-lhe uma ideia, basta dizer que tenho em mãos a prova da origem dos egípcios; os antepassados desse povo saíram da América do Sul". Também Thoron é da opinião que egípcios e pelasgos eram procedentes da América, dizendo que a língua quíchua tem muita semelhança com o egípcio antigo, o grego e até com o hindustani. Lembramos também a hipótese de Wegener de que o Ceará e o Saara formaram outrora uma única região, considerando a semelhança das condições geográficas e físicas entre o estado brasileiro e aquele deserto. (N. do Apres.)

na vida futura em boas condições. Tinham artistas que sabiam embalsamar e embelezar os corpos e os rostos dos mortos, de tal maneira que estes apareceriam perfeitos e belos ainda depois de 2 a 3 mil anos, como sabemos do túmulo da rainha Tinhanen. Mas os mortos não apenas queriam permanecer novos e belos; necessitavam também de ouro, prata e pedras preciosas para reaparecerem na vida futura com os meios financeiros que correspondiam às suas posições anteriores. Por esse motivo, não só os reis, altos sacerdotes, nobres e altos funcionários, como também todas as mulheres e os homens menos ricos, juntavam e acumulavam ouro durante sua vida, para ser depositado nos seus túmulos.

Uma única restrição devemos fazer às conclusões de Onfroy Thoron. É certo que os judeus fundaram nas regiões do alto Amazonas algumas colônias, onde negociavam e ali se mantiveram durante muitos séculos, tendo deixado, indubitavelmente, rastros da civilização e da língua hebraica. Também o nome Solimões, para o curso médio do grande rio, tem a sua origem no nome do rei Salomão, cuja forma popular era sempre "Solimão". Mas isso não justifica que a antiga língua brasílica, o tupi, fosse muito influenciada pela língua hebraica. O tupi é muito mais antigo e pertence à grande família das línguas pelasgas, que foram faladas em todos os países do litoral mediterrâneo. Os povos da antiga Atlântida falaram essa língua e a mesma "língua suméria" dos antigos babilônios pertenceu a essa língua geral dos cários, respectivamente, dos pelasgos. Os diversos ramos dessa língua diferenciaram-se entre si como, no tempo moderno, as línguas romanas.

O laço comum dos povos pelasgos era a organização da ordem sacerdotal dos cários e o comércio marítimo dos fenícios. Os sacerdotes e os mercantes  entendiam-se com todos e por isso, formou-se, já no segundo milênio a.C., uma "língua geral", que foi falada desde a Ásia Menor até a América Central e deveria ser chamada "pelasgos-tupi". Essa língua, que os antigos brasileiros chamaram "nhenhen-catu" (o bom andamento), falaram os mercantes fenícios, bem como os sacerdotes (sumés e piagas) dos povos tupis. O hebraico é muito mais novo. Quando Moisés apareceu com seu povo em Canaã não trazia ainda uma língua organizada. Os tijolos com os dez mandamentos, recebeu-os Moisés da Caldeia e foram escritos em língua babilônica. Depois, aprenderam os judeus a língua popular dos fenícios e, muito mais tarde, elaboraram os levitas, com os elementos da língua fenícia, uma língua hierática, que ficou chamada "hebraica". A língua tupi no Brasil não tem ligação com essa formação posterior.

III - A chegada dos egípcios e a imigração dos povos tupis (940 a 900 a.C.)

O segredo do sucesso em todos os grandes empreendimentos humanos está na continuação inalterável dos primeiros conceitos. Planos efêmeros, hoje iniciados, amanhã alterados, depois interrompidos, novamente recomeçados em outra época, com novos mestres, com outras ambições, nunca terão resultados satisfatórios. Os fenícios foram um povo disciplinado, onde cada qual se submetia ao interesse comum. Uma prática de mil anos os havia educado a todos. O navegador é um homem calado, o bom comerciante sabe guardar seus segredos. A Fenícia nunca teve reis ambiciosos, nunca teve poetas ou literatos, nem legisladores. Cada qual conhecia o seu dever: era religioso, zeloso no seu trabalho, não conhecia medo, nem do mar, nem dos obstáculos naturais, nem dos inimigos. Venceu sempre pela sua perseverança e pela prudente diplomacia. Nunca faltava-lhe a grande força motriz: o dinheiro.

Tais foram os homens que conquistaram o grande Brasil, sem soldados e sem belonaves. Já tinham eles diversas estações e colônias na costa do Nordeste. No Nordeste, no delta do Parnaíba, foi fundada Tutoia; na foz do Amazonas, em Marajó, estava a colônia dos tirrênios; mais acima, andaram as mulheres guerreiras; no alto Amazonas, trabalharam as colônias hebraicas. A obra já estava bem iniciada quando chegaram os mineiros egípcios à procura dos filões auríferos.

Isso não era praticável no litoral; era preciso penetrar o interior, nas regiões montanhosas. Mas, ali estava a população indígena, os povos tapuios da raça malaia. O povo era pacífico e não mostrou hostilidade contra os estrangeiros. No entanto, eles necessitavam de trabalhadores para as suas empresas, e de garantia e segurança para suas obras. Sem esses meios, a penetração era impossível.

Os fenícios não ficaram muito tempo indecisos. Já conheciam as ilhas da América Central, as Antilhas, quer dizer: "Atlan-tilha" (as pequenas Atlântidas). Mil anos antes de Cristo, essas ilhas eram ainda maiores, e no lugar onde hoje está o mar das Caraíbas, havia ainda um grande pedaço de terra firme, chamado Caraíba (isto é, terra dos caras ou caris). Nessa Caraíba e nas ilhas em redor viviam naquela época as sete tribos da nação tupi, que foram refugiadas da desmoronada Atlântida. Chamaram-se caris e eram ligados aos povos cários, do mar Mediterrâneo. Os sacerdotes deram-lhe o nome tupi, que significa filho de Tupã.

O país Caraíba, porém, teve a mesma sorte que a Atlântida. Todos os anos desligava-se em pedaços até que desapareceu inteiramente, afundado no mar. Os tupis salvaram-se em pequenos botes, rumando para o continente, onde está hoje a república Venezuela. O nome da capital Caracas prende-se a essa origem. Os fenícios tiveram conhecimento dessa região e resolveram levar os tupis em seus navios para o Norte do Brasil. Quando chegaram os primeiros padres espanhóis na Venezuela, contaram-lhes os piagas aqueles acontecimentos do passado. Disseram que a metade da população das ilhas, ameaçada

pelo mar, retirou-se em pequenos navios para a Venezuela, mas que morreram milhares na travessia. A outra metade foi levada em grandes navios para o Sul, onde encontraram terras novas e firmes.

Varnhagem, Visconde de Porto Seguro, confirma, na sua *História Brasileira*, que essa tradição a respeito da emigração dos caris-tupis, da Caraíba para o Norte do continente sul-americano, vive ainda entre o povo indígena da Venezuela. O padre Antônio Vieira, o grande apóstolo dos indígenas brasileiros, assevera, em diversos pontos de seus livros, que os tupinambás, como os tabajaras, contaram-lhe que os povos tupis migraram para o Norte do Brasil, pelo mar, vindo de um país que não existia mais. Os tabajaras diziam-se o povo mais antigo do Brasil. Isso quer dizer que eles foram aquela tribo dos tupis que primeiro chegou ao Brasil, e que conservou sempre as suas primeiras sedes entre o rio Parnaíba e a Serra da Ibiapaba. Essa tradição confirma também que a primeira imigração dos tupis passou pela foz do rio Parnaíba. Os tupis, que imigraram mais tarde pela baía de São Marcos e fixaram seu centro na Ilha Tupaon, hoje São Luís, tornaram-se menos estimados pelos tabajaras, potiguares e cariris. Por isso, aqueles se chamavam orgulhosamente tupi-nambás, que quer dizer homens da legítima raça tupi. Pagaram o desprezo de parte dos outros tupis, pelo insulto tupiniquins e tupinambarana, que quer dizer tupis de segunda classe. Sempre se conservou também a tradição de que os tupis tinham sete tribos.

Qual foi o fim desejado pelos fenícios com a imigração dos tupis para o Brasil? Procuravam um povo auxiliador para a sua grande empresa; um povo

Fortificação Caria (Asia Menor), atual Turquia.

Antiga História do Brasil - de 1100 a.C. a 1500 d.C.   45

inteiro que assim identificou os seus interesses nacionais com os interesses da nova pátria. Os outros que chegaram no Mediterrâneo permaneceram sempre estrangeiros; mantinham relações com sua antiga pátria e pensavam voltar para lá, logo fosse possível. Os tupis não podiam 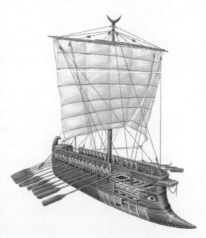 voltar; sua pátria fora vítima do mar. Procuravam uma nova pátria, uma terra de promissão, destinada a eles por Tupã, como disseram seus sacerdotes.

Os fenícios tinham simpatias pelos tupis, que eram da mesma estirpe dos povos cários; entenderam a sua língua geral "do bom andamento"; eram brancos, um pouco amarelados, como todos os povos do Sul da Europa e da Ásia Menor, e tinham uma religião com sacerdotes semelhantes à organização religiosa dos fenícios. Além disso, eram agricultores e tinham um caráter guerreiro. Um tal povo, transferido para o continente brasileiro e nele domiciliado com o auxílio dos fenícios, poderia tornar-se um bom aliado para estes. Os antigos historiadores citam diversos outros exemplos da imigração de povos, com o auxílio e nos navios dos fenícios. Isso foi um dos meios eficazes de que se serviram para segurar suas espalhadas colônias.

As primeiras massas dos imigrantes entraram na foz do Parnaíba, onde Tutóia era porto de recepção. Dividiram-se em três tribos (ou povos) e chamavam-se tabajaras, entre o Rio Parnaíba e a Serra do Ibiapaba, potiguares, que se domiciliaram além do rio Poti, e cariris, que tomaram as terras da Ibiapaba para o nascente. Não é possível que eles já chegassem com essa distinção de tribos. Os chefes escolheram esses nomes depois da colocação dos emigrantes e delimitação dos respectivos territórios.

Entretanto, escolheram os fenícios um outro ponto de entrada para a segunda onda de imigrantes. Foi a ilha do Maranhão, um ponto importante para a navegação e para a penetração ao interior. Cinco rios perenes: Muni, Itapecu-

Formação rochosa encontrada no município de Bezerros, Pernambuco.

ru, Mearim, Pindaré e Grajaú unem suas fozes em redor da linda ilha e abrem o caminho para o interior. Além disso, foi naquele tempo a baía de São Marcos a embocadura oriental do rio Amazonas, quer dizer, do rio Pará, formado pelos doze rios paraenses, inclusive o Guamá, o Tocantins e o Xingu. Desde a foz desse grande rio até a foz do Mearim, existiu a "estrada dos furos", entre a costa do continente e a linha ao longo das ilhas e bancos oceânicos. Mesmo no tempo dos europeus, existia ainda a passagem pelos furos, desde São Luís até Belém, somente interrompida em dois pontos. Por isso, os tupinambás chamaram *Mara-Ion*, "o grande rio da terra", que se estendeu desde a baía da São Marcos até os Andes, no Peru. Mas, é provável que tenham sido os navegadores fenícios os formadores desse nome, que é hoje a denominação do estado do Maranhão e do curso alto do Amazonas. *Nomina quoque habent sua fata.*

Os fenícios escolheram então a ilha de São Luís como porto de entrada e iniciaram os alicerces para a cidade, empregando o grande labirinto do sistema pelasgo. Os imigrantes deram à ilha o nome de Tupaon, que significa burgo de Tupã, e nela fundaram numerosas vilas e aldeias, das quais existiam ainda 27 no tempo da chegada dos europeus. Se os tabajaras duvidaram da descendência legítimo-tupi dos imigrantes da segunda época, o motivo dessa dúvida talvez tenha sido o fato de aqueles tupis terem levado consigo um certo número dos antigos indígenas da Caraíba e das Ilhas, que lhes serviam como trabalhadores. Mas, os imigrantes repeliram qualquer dúvida

Ramsés III

sobre a pureza de seu sangue tupi e adotaram o nome significativo de tupinambás, iniciando logo uma política de expansão, sobre a qual falaremos em lugar próprio.

O pagamento para os sacrifícios que fizeram os fenícios com a transferência dos tupis para o Brasil foi o contrato pelo qual se obrigaram estes a fornecer aos fenícios soldados para garantirem e policiarem suas empresas no interior. Tupigarani significa "guerreiro da raça tupi". Os padres portugueses escreveram tupi-guarani, mas o nome antigo é *garani*, derivado da palavra pelasga "garra", que mudou nas línguas posteriores em guara pela lei do abrandamento das consoantes. Os guaranis nunca foram um povo separado, foram legítimos tupis que andavam armados com as boas armas de bronze que lhes forneceram os fenícios. Por esse contrato ganharam estes um exército aliado, cujo efetivo subiu depois a muitos milhares de guerreiros.

A respeito dos mineiros egípcios que chegaram ao Brasil, deve-se constatar o seguinte: nas lápides, onde estão inscritos os acontecimentos do governo do faraó Ramsés III, está narrado que esse rei fundou na sua capital Tebas, em 1170 a.C., uma escola de engenharia e mineração. Dos engenheiros de minas que foram ali instruídos, mandou o faraó uma comissão para diversas regiões da Arábia para explorar as jazidas de lápis-lazúli. Uma outra comissão mandou ele à Etiópia para estudar a explorar todas as minas de ouro que ali existiam. Uma outra comissão foi encarregada de explorar as minas de cobre de Ataca; outros engenheiros egípcios foram, em navios dos fenícios, para o sudeste da África e exploraram ali, por conta do faraó, as minas auríferas de Moçambique e do Transvaal. Assim, não foi coisa extraordinária que cedesse Chechonk aos fenícios engenheiros egípcios para organizarem as empresas de mineração no Brasil.

IV - A participação dos cartagineses na colonização do Brasil (750 a.C.)

Colocamos a fundação de Cartago no espaço de 850 a.C. a 840 a.C. Em 1240 a.c. foi fundada, no mesmo lugar, a colônia fenícia Birsa, que ficou bem fortificada para poder servir como um ponto estratégico da estrada marítima, que liga a bacia oriental do mar Mediterrâneo à sua bacia ocidental. Nesse sentido, ganhou a pequena cidade de Birsa uma certa importância no movimento marítimo. No ano 850 a.C., deu-se a tragédia real de Tiro, mas não conhecemos exatamente nem os fatos, nem os nomes dos implicados. O rei foi assassinado — por instigação de um parente — e a rainha viúva Elisa (ou Dido) refugiou-se, com seus partidários e com uma grande frota, em Birsa, onde foi construída a grande cidade de Cartago. Não é possível que esse plano nascesse do cérebro de uma mulher.[7]

Foram dois partidos que lutaram entre si violentamente, e o partido vencido foi obrigado a procurar uma outra cidade, um acontecimento muito comum na história da antiguidade. Neste caso, porém, saíram os dissidentes com o plano de fundar uma nova metrópole, bastante forte para dominar mesmo a antiga pátria. Começou logo o combate entre os dois rivais.

Os cartagineses mandaram emissários a muitos países para juntar operários, colonos e soldados para sua nova capital; os tírios mandaram frotas para impedir esse recrutamento. Mas Cartago cresceu e, para vingar-se dos tírios, o senado cartaginês declarou que não deixaria passar pelo estreito de Gades (Gibraltar), qualquer navio que levasse imigrantes para a grande ilha dos fenícios, no oceano Atlântico. Isso foi cerca de 820 a.C. Os cartagineses quiseram, principalmente, impedir que os tírios levassem mestres de obras e trabalhadores egípcios para o Brasil e ameaçaram todos esses imigrantes com a pena de morte, no caso de caírem eles em poder dos navios encarregados do policiamento do

---

7 A fundação de Cartago é assunto ainda meio nebuloso entre os historiadores. Alguns afirmam que Pigmalião, filho de Bélus, rei de Tiro, e irmão de Elisa (Dido) e de Ana, matou Siquei e provocou a fuga de Dido para o norte da África, onde fundou Cartago. Outros citam que Pigmalião era rei de Tiro, em 850 a.C., época que Schwennhagen dá como a provável fundação de Cartago. Quanto à Elisa, é tradicionalmente apresentada como a fundadora da cidade, situada a 16 km da atual Túnis, e seu nome vem da palavra fenícia Karthadshat (nova cidade). (N. do Apres.)

Antiga História do Brasil - de 1100 a.C. a 1500 d.C.

estreito.

Poucos anos depois, cerca de 810 a.C., organizaram os cartagineses a grande expedição ao golfo de Guiné, sob a chefia de Hannon, sobre a qual já falamos. Foi a orgulhosa tentativa de fundar, no oceano Atlântico, um domínio colonial ainda maior do que o domínio dos tírios. Essa tentativa fracassou e os cartagineses ficaram desiludidos e desanimados. Mas, finalmente, com o correr do tempo, desapareceram a animosidade e a rivalidade entre os dois irmãos Tiro e Cartago; eles entraram num acordo que estabeleceu um certo condomínio sobre as possessões coloniais das duas potências. Assim, aparecem de 750 a.C. em diante, também os cartagineses no Brasil. Sua estação marítima estava no lago Extremoz, perto de Natal, atual capital do Rio Grande do Norte, o que será explicado no respectivo capítulo.

V - Testemunhos literários do 4º século a.C.

O filósofo grego Platão escreveu o seu diálogo *Timeu e Crítias* em 380 a.C. Declara ele nesse livro que seu avô Crítias adquiriu um manuscrito do legislador Sólon, no qual este relatava diversas e interessantes notícias geográficas. Disse Sólon que os sábios egípcios lhe explicaram a posição e a história da Atlântida submersa e dos outros países que existem ainda atrás do lugar onde estava a Atlântida. Platão se declara convicto que ao lado ocidental do oceano Atlântico existisse um grande país.[8]

---

8 Assim se refere Alexandre Braghine, em seu *O Enigma da Atlântida*, à página 13, ao diálogo de Platão: "Depois os sacerdotes fizeram saber a Sólon que conheciam a história de Saís, a partir de 8000 anos antes daquela data. 'Há manuscritos', disseram-lhe, 'que contêm o relato de uma guerra que lavrou entre os atenienses e uma poderosa nação que habitava uma ilha de grandes dimensões situada no oceano Atlântico. Nas proximidades dessa ilha existiam outras e mais além, no extremo do oceano, um grande continente. A ilha chamava-se Posseidonis ou Atlantis, e era governada pelos reis aos quais pertenciam também as ilhas próximas, assim como a Líbia e os países que cercam o mar Tirreno. Quando se deu a invasão da Europa pelos atlantes, foi a cidade de Atenas, como cabeça de uma liga de cidades gregas, que, pelo seu valor, salvou a Grécia do jugo daquele povo.

O filósofo Aristóteles escreveu a sua *Geografia* cerca de 350 a.C. Nesse livro, ele confirma as notícias de Platão sobre a Atlântida e declara que os fenícios e cartagineses haviam fundado muitas colônias no grande país do Ocidente.

Aristóteles foi o preceptor de Alexandre Magno. É certo que esse sábio ensinou a seu discípulo tudo o que sabia sobre a geografia do nosso planeta, e que o jovem Alexandre esboçou seus grandes projetos de "conquista do mundo" nas doutrinas de seu mestre. Esses planos implicavam também a soberania sobre os mares e sobre as colônias dos fenícios.

VI - A destruição de Tiro, em 332 a.C., e a expedição da frota de Alexandre Magno para a América do Sul em 328 a.C.

O ato mais brutal do grande chefe da nação helênica, cuja figura mostra tantos traços de generosidade e magnanimidade, foi a cruel destruição de Tiro e a matança de 8.000 prisioneiros, que se entregaram depois de uma resistência heroica de sete meses, abatidos pela fome e pelos ferimentos. Além disso, Alexandre mandou saquear todas as casas e vender 30.000 mulheres e crianças como escravas. Só deixou, na cidade demolida, alguns velhos e nomeou um mendigo como rei dos tírios, de nome Abdalonimo, que era vendedor de água nas ruas.

Assim terminou a glória dessa cidade que dominou durante um milênio em todos os mares e contribuiu para a civilização humana. Foi a inata inveja do grego contra o pequeno e tão poderoso competidor comercial e marítimo que impeliu o grande Alexandre a esse ato de brutalidade, que obscureceu o seu retrato histórico, tornando-se a sombra da sua morte prematura.

Logo depois da queda de Tiro, invadiu Alexandre o Egito, que não opôs resistência (331 a.C.). Visitou a capital, Tebas, o afamado templo tríplice de Karnac e o oráculo do deus Amon. Voltando para o mar, escolheu no delta do Nilo o lugar para ser construída ali uma nova capital, que devia trazer seu nome, "Alexandria", e devia tornar-se a "Rainha

Posteriormente a estes acontecimentos, houve uma tremenda catástrofe: um violento terremoto abalou a terra, que foi logo depois devastada pelas torrentes de chuva. As tropas gregas sucumbiram e a Atlântida foi tragada pelo oceano' ".

Antiga História do Brasil - de 1100 a.C. a 1500 d.C.

Aristóteles - 384 a.C. - 348/7 a.C.

dos Mares", em lugar de Tiro destruída. Nomeou seu general Ptolomeu governador (sátrapa) do Egito, deu-lhe ordem para edificar a nova capital com o maior esplendor, e para construir, depois, uma grande frota. Esta devia procurar e conquistar o domínio colonial dos fenícios, no oceano Atlântico.

Alexandre continuou suas conquistas na Ásia e Ptolomeu edificou Alexandria e preparou a grande expedição para o Ocidente. Agora deixemos falar Cândido Costa (*As Duas Américas*, p. 48): "Não há muito, na vila de Dores, em Montevidéu onde um fazendeiro descobriu uma lápide sepulcral de tijolos, se achavam espadas antigas e um capacete, danificados pela passagem do tempo, e uma jarra de barro, de grande dimensão. Todos estes objetos foram apresentados ao douto padre Martins, o qual conseguiu ler na lápide, em caracteres gregos: 'Alexandre, filho de Filipe, era rei da Macedônia na olimpíada 113. Nestes lugares Ptolomeu...' Faltava o resto. Numa das espadas se achava gravada certa efígie que parecia ser a de Alexandre, e no capacete se viam esculpidas várias figuras, representando Aquiles arrastando o cadáver de Heitor em torno dos muros de Tróia. Pode-se supor que algum chefe das armadas de Alexandre, levado por alguma tormenta, surgisse ali e marcasse com tal monumento a sua estadia". Cândido Costa extraiu essa notícia dos jornais de Montevidéu.

Temos aí um dos mais importantes documentos da antiga história do continente sul-americano. É deplorável que o exame da lápide não fosse feito mais minuciosamente, para realçar o seu valor histórico. A olimpíada 113 começou no ano 328 a.C., Ptolomeu já era há três anos governador do Egito, e o texto mutilado começava provavelmente assim: "para estes lugares mandou o sátrapa Ptolomeu uma frota sob o comando de..." O sepulcro era do chefe da expedição, que recebera do próprio Alexandre a espada com a efígie do rei; a ferrugem destruiu as palavras da dedicatória. O capacete foi também um presente do rei. Alexandre sempre levava nas suas viagens um exemplar da Ilíada, de Homero; o seu ídolo foi o herói Aquiles. Apeles deveria pintar para ele o grande quadro, mostrando Aquiles levando arrastado o corpo do chefe dos troianos vencidos, em redor dos muros de Tróia. A mesma cena era gravada no grande capacete, que trazia Alexandre nas duas batalhas decisivas contra os exércitos de Dario. Foi o mesmo elmo, ou foi uma imitação do seu próprio, que deu Alexandre ao seu general, por ele incumbido de conquistar a América do Sul? Indubitavelmente, estava escrito o seu nome na lápide, mas o examinador não o decifrou.

Devemos supor que a frota foi conduzida por práticos fenícios até as costas do Brasil, na altura da foz do rio São Francisco. Ali aportou ela e o chefe foi informado pelos egípcios que no Sul existia mais um grande rio, pelo qual se poderia penetrar no interior do continente. O rio da Prata foi conhecido dos fenícios, como provam as inscrições. A frota grega navegou ao longo da costa, até a foz do grande rio do Sul, onde naufragou, ou pelo menos uma parte, incluído o navio do almirante. Morreram ele e muitos de seus companheiros, o que indica o grande número de armas depositadas no mesmo sepulcro.

Ou travou-se um combate naval com um adversário que tinha também navios armados? Talvez fossem estes os navios dos cartagineses.

Os sobreviventes da frota grega juntaram os corpos dos náufragos, queimaram-nos, recolhendo as suas cinzas na "jarra de grandes dimensões". Isto também deixa supor que tivessem morrido numerosos guerreiros de alta patente. Soldados e tripulantes comuns não se sepultavam com tais honras.

Alexandre morreu em 324, provavelmente envenenado por seus generais. Seu vasto império foi dividido entre os seus generais, que logo começaram a guerrear entre si. As notícias a respeito da sorte da expedição atlântica não tinham ainda chegado ao Mediterrâneo. Ptolomeu proclamou-se rei do Egito e devia enfrentar bastante dificuldade para assegurar o seu poder contra as ambições dos outros generais. Não se interessou mais pelas coisas do oceano Atlântico.

Antiga História do Brasil - de 1100 a.C. a 1500 d.C.

VII - O domínio cartaginês no Brasil

Quando o rei Alexandre começou o sítio contra Tiro, mandaram os fenícios navios com muita gente rica, com a mulher e as filhas do rei Straton, com pessoas doentes e com grandes quantidades de ouro e jóias a Cartago, pedindo auxílio contra os agressores. Os sitiados contaram com esse auxílio até o último dia, mas os cartagineses não mandaram nem navios, nem soldados, nem víveres, desculpando-se sob a alegação das grandes lutas que mantinham na Sicília. Depois da queda de Tiro, tomaram eles posse de todas as colônias dos fenícios, na Espanha e nas costas atlântidas. Depois da morte de Alexandre, tornaram-se os únicos senhores do oceano Atlântico.

Em 270 a.C. começaram as lutas entre os cartagineses e os romanos, as quais terminaram em 147, com a destruição de Cartago. Nessas guerras sofreram os romanos inumeráveis derrotas, mas venceram pela sua persistência e pelo patriotismo de seus soldados, enquanto os cartagineses enchiam seus exércitos e suas frotas com soldados estrangeiros e mercenários.

Já em 230 a.C. compreenderam os cartagineses que não poderiam resistir aos romanos, que sempre recomeçaram a guerra com novas forças militares. Por isso, resolveu o senado cartaginês transferir a capital de seu império para as ilhas Macárias, hoje chamadas Canárias. (Os escritores latinos traduziram o nome Macárias erradamente em Fortunatas. Os navegadores da Idade Média mudaram o antigo nome em Canárias).

Os senadores cartagineses, que eram todos comerciantes, capitalistas e proprietários de navios, quiseram salvar o domínio colonial que lhes fornecera as suas riquezas. A ilha, onde está hoje o porto marítimo Las Palmas, conserva diversas inscrições com letras fenícias, escritas no mesmo sistema que as inscrições brasileiras. Quando as Canárias foram colonizadas, nos séculos XIV e XV, pelos portugueses e espanhóis, encontraram

Representação de barco cartaginês.

eles uma população indígena branca, e na costa, em diversos pontos, erguiam-se seis altas colunas de pedras que serviam de balizas e faróis aos navegadores.

A resolução do senado cartaginês de transferir para essa ilha a sua capital mostra claramente que os cartagineses tinham um intercâmbio permanente com as costas sul-americanas. Os historiadores Tito Lívio e Políbio falavam sobre essa resolução, afirmando que, caso os cartagineses tivessem realmente esse plano, os romanos não poderiam aniquilar o poder deles, pois estes não tinham conhecimento do oceano, nem forças marítimas para dominar regiões tão afastadas. Diodoro diz que os cartagineses sempre pensaram firmar-se em lugares escondidos e desconhecidos, onde seus inimigos não os pudessem perseguir.

A prudente resolução do partido dos mercantes, porém, não se realizou. Amílcar Barcas, o chefe do partido conservador e militarista, organizou demonstrações populares contra uma tal traição à pátria e a mocidade jurou nos templos defender o solo pátrio até a última gota de sangue. Amílcar prometeu organizar, na Espanha, um novo poder militar, suficiente para enfrentar todas as ameaças dos romanos. As guerras continuaram e Cartago caiu, não sem própria culpa, em 147 antes de Cristo.

VIII - As relações cortadas

Cortadas as relações marítimas e comerciais entre

Tempo dos Guerreiros, também conhecido como "as mil colunas", foi construído em honra aos deuses guerreiros. Chichen Itza, México.

Pirâmide de Kukulcán, Chichen Itza (cidade da "Serpente Emplumada"), México.

o mar Mediterrâneo e o Brasil, os fenícios e egípcios, restantes aqui, procuraram outros campos para a sua atividade. Influenciou também o declínio do rendimento das minas de ouro e prata em muitas partes do Brasil. Assim, começou o êxodo dos fenícios para os países do oeste e do norte: para a Bolívia, Peru e México. Apolinário Frot descobriu uma inscrição, indicando que um grupo de egípcios subiu o rio Madeira, fundou uma colônia no território boliviano e iniciou ali a exploração de minas de prata.

Outras expedições subiram o Amazonas até os Andes do Peru. A civilização peruana começou no último século antes da era cristã, oito séculos antes da chegada dos Incas, como provou o sábio cearense Domingos Jaguaribe. Outros procuraram, nos navios dos fenícios e cartagineses, as costas da América Central. A civilização mexicana principiou também 100 a.C. O grande calendário solar do antigo México começa com o ano 75 depois de Cristo. Todas as grandes construções, pirâmides, templos, necrópoles e palácios do antigo México manifestam a arte egípcia. Esse desenvolvimento concorda perfeitamente com os nossos cálculos cronológicos.

Os eruditos romanos da era cristã tiveram também conhecimento do continente americano. O filósofo Sêneca, que morreu em 65 d.C., escreveu: "Sabemos que no Oceano existe um país fértil que, além do oceano, existem outros países e nasce um outro orbe, pois a natureza das coisas em parte nenhuma desaparece".

IX - As viagens do apóstolo
São Tomé ao Brasil (50 a 60 d.C.)

Na antiga literatura cristã encontramos a tradição de que o apóstolo São Tomé pregou o Evangelho nas costas e ilhas do Nordeste da África. O nome São Tomé foi dado a uma das ilha, devido a essa tradição. Diz-se que o apóstolo morreu velhíssimo, num país muito longínquo.

Os primeiros padres portugueses que chegaram ao Brasil ouviram dos piagas que já mil anos antes chegara um Sumé que ensinou uma nova religião. Ele fez longas viagens pelo interior e ganhou muitos crentes. O padre Antônio Vieira escreveu muitas vezes estar convencido de que um apóstolo de Cristo já andara no Brasil. Ele pensava que o nome sumé era uma modificação de Tomé. Isso é um erro. A palavra sumé, como nome de um alto sacerdote, pertence à antiga pelasga.

Os tupis deram esse nome ao apóstolo para venerá-lo.

Os piagas mostraram aos padres diversos sinais de pés que significaram que ali estivera o sumé, cercado por seus amigos e adeptos. Tais sinais de pés existem no interior de Alagoas, onde os padres deram ao rio, que passa ali, o nome de São Tomé. O mesmo sinal existe em Oeiras, no Piauí, e o povo sempre venerou esse sinal, desde a antiguidade. A forma do pé, gravada numa chapa de pedra, é uma placa comemorativa, usada pelos povos antigos para indicar que naquele lugar esteve um homem que foi um benfeitor do povo.

A travessia de São Tomé pelo Atlântico nada tem de milagrosa. Naquela época, a população das Canárias e das ilhas de Cabo Verde tinha ainda bons conhecimentos do Brasil, e o zeloso apóstolo procurou uma caravela para ir com seus amigos pregar a nova religião aos povos do outro lado do oceano.

X - A navegação árabe nos séculos II a VII

Nos três primeiros séculos da era cristã dominaram os romanos inteiramente o mar Mediterrâneo. Cada navio que não fosse registrado pela polícia marítima era confiscado, a carga vendida em hasta pública e os tripulantes condenados como piratas. A navegação livre foi expulsa para as costas da África e um novo centro marítimo formou-se nos mares da Arábia. O patrimônio marítimo dos fenícios passou para os povos da raça árabe.

Esses navegadores percorreram os mares entre as Índias e África do Sul e andaram até a América do Sul.

Um sábio sírio que fez viagens pelo Brasil declarou, numa conferência que fez, em 1923, no Maranhão, com diversos professores brasileiros, que, na antiga literatura árabe, existem muitos documentos sobre as viagens de navegadores árabes ao Brasil e Chile. Aqueles navios rodearam, nos séculos IV e V, quase todas as costas da América do Sul, e as narrações sobre essas viagens contêm muitas notícias a respeito dos antigos países e povos deste continente. Nos eruditos círculos árabes de Cairo se estuda essa literatura, fazendo-se publicações interessantes sobre esses fatos históricos.

Sabemos que Marco Polo, o único escritor europeu que publicou na Idade Média um livro sobre a geografia marítima, colheu todos os seus conhecimentos nas viagens que fez em navios árabes. Foram então navegadores árabes que contaram a Marco Polo a existência dos países Catai e Sipanga, nomes até aquele tempo desconhecidos na Europa. Sobre isso falaremos mais tarde. Aqui seja somente constatado que esses nomes foram comunicados à posteridade pelos árabes.

XI - A origem da "Ilha de Sete Cidades"

Já no tempo do império romano apareceu na nomenclatura geográfica a *Insula Septem Civitatum*, que significa Ilha dos Sete Povos. No latim, civitas não é cidade, mas a coletividade dos cidadãos. Os escritores romanos chamam um pequeno povo civitas, quase como nós dizemos tribo. Na língua portuguesa esqueceu-se a antiga significação e civitas ficou erradamente traduzida como cidade, com o significado de urbe.

O primeiro documento é uma crônica da cidade Porto--Cale (hoje, o Porto), escrita em latim por um padre católico, cerca de 750 d.C. Foi quando os maometanos árabes já haviam destruído (em 711) o império dos visigodos da Espanha e invadido a Lusitânia. O arcebispo de Porto-Cale recusou submeter-se à dominação dos maometanos e deliberou, com seus co-diocesanos, como fazer para evitar as grandes humilhações dos cristãos. Perante o grande poder dos árabes, que tinham quase a península inteira, surgiu como único meio a emigração. O Porto já possuía naquela época um extenso comércio marítimo e os peritos

58   Ludwig Schwennhagen

de navegação declararam ao arcebispo que existia no oceano Atlântico um grande país a que os pilotos chamavam a "Ilha das Sete Civitates".

O arcebispo resolveu ir para lá e com mais outros bispos e cônegos. Milhares de fiéis se declararam prontos a acompanhar o corajoso prelado. Juntaram-se 20 veleiros e a expedição saiu em 734, com 5.000 pessoas. A crônica narra que a frota chegou salva no país de seu destino e que muita gente se preparava a seguir para a grande ilha. Outros cronistas narram que a imigração do povo lusitano para a mesma ilha tomou, naquela época, grandes proporções, de maneira que os árabes ficaram muito inquietos com esse acontecimento. Os comerciantes árabes, por esse motivo, armaram uma esquadra, que devia ir para a mesma ilha, e verificar as condições daquele país.

Essas narrações são uma segura indicação de que:

1º) os navegadores ibéricos das costas atlânticas e os navegadores das Canárias e do Cabo Verde sempre guardaram a lembrança do grande país do Ocidente, cujo nome se identificou com o nome da ilha dos sete povos, respectivamente, das sete cidades;

2º) que se realizou, já à época de 700 a 950 anos d.C. uma extensa imigração da península Ibérica para a América Central e a América do Sul, precedente à chegada dos normandos, noruegueses e irlandeses na América do Norte.

A respeito da expedição do arcebispo de Porto-Cale, não temos provas de que ela chegasse ao Brasil; é possível que ficasse nos Açores ou chegasse a uma ilha das Antilhas, onde se encontraram, no tempo de Colombo, descendentes duma antiga imigração europeia. O ponto saliente para as nossas investigações é que, naquela época, a existência da ilha das sete civitates, ou cidades, era conhecida, e que todos os imigrantes só procuraram essa ilha.

Quando a "cavalaria dos mares", dirigida pelo Infante Dom Henrique, começou, de 1420 em diante, a procurar novas terras, todos os navegadores buscaram a grande ilha das sete cidades. Muitos voltaram com a nova de ter encontrado a ilha lendária; mesmo à Ilha da Madeira chamaram eles primeiro de "Ilha das Sete Cidades". Mas, o grande geógrafo e eremita de Sagres sabia bem que essa "Ilha" era um continente. Finalmente, em 1473, chegou em Lisboa o açoriano Fernando Telles, mostrou o seu roteiro e apresentou o mapa duma longa costa, com muitas ilhas, furos e rios, declarando que essa costa pertencia à grande ilha das sete cidades. Era a costa do Norte do Brasil, entre Maranhão e Ceará, com o delta do rio Parnaíba. O rei D. Afonso V e a Junta dos Matemáticos, presidida por seu filho, o futuro rei D. João II, acharam a descoberta de Fernando Telles muito importante, mas não consentiram que Telles recebesse a reclamada carta de doação para a ilha das Sete Cidades. Uma carta de doação não lhe foi recusada, mas em seu teor ela evitou aquela denominação e falou só de uma grande ilha ocidental que Telles pretendia povoar. Os documentos desses descobrimentos e as cópias das respectivas cartas de doação estão guardados no Arquivo de Tombo, na repartição das ilhas. Foram publicados na ocasião do centenário da independência do Brasil.

Telles, que possuía oito caravelas e cujos pilotos navegaram em redor das ilhas Antilhas, bem como no litoral do Norte do Brasil, não ficou muito satisfeito com o teor da sua carta de doação e, tendo largas relações com o comércio lisbonense, pôde ele influenciar de certo modo o governo. A Junta dos Matemáticos encarregou então o cônego Fernão Martins (ou Fernão Roriz) de escrever uma carta ao geógrafo florentino Toscanelli e consultá-lo a respeito da situação da ilha das sete cidades. A resposta do sábio italiano foi tal que a Junta dos Matemáticos não se após mais à entrega a Fernando Telles da carta de doação para a ilha das sete cidades, em 1476.

O genro de Telles, Fernando Ulmo, que fez depois da morte de seu sogro uma companhia comercial com um cidadão da Madeira de nome Afonso Estreito, e outros sócios, para explorarem a ilha das sete cidades, recebeu em 1485 uma nova carta de doação, na qual o rei se obrigou a fornecer ao donatário navios armados e forças militares para a conquista das ilhas e terras firmes das Sete Cidades. Esse documento, escrito sete anos antes da primeira viagem de Colombo, prova que os "matemáticos" do rei João II sabiam perfeitamente que a chamada ilha das Sete Cidades era um **continente**, com ilhas e terras firmes.

XII - O Sipanga, respectivamente, Cipango, de Marco Polo e Paulo Toscanelli

O veneziano Marco Polo escreveu seu livro cerca de 1250 d.C. Ele fez viagens ao Oriente durante 20 anos (1230 a 1250) e formou seu conhecimento, a respeito de Catai e Sipanga, pelos navegadores árabes. Estes explicaram a Marco Polo que esses países eram situados da Arábia para o nascente, mas se poderia alcançá-los também **navegando para o poente**. Marco Polo compreendeu bem essa ideia e baseou nela a sua teoria de circunavegação da Terra. Já os navegadores fenícios sabiam que a Terra tem a forma esférica, e os árabes, que navegaram naquela época entre as Índias Orientais e a América do Sul, sabiam que se pode chegar ao Extremo Oriente e às ilhas do Pacífico navegando para Leste, bem como para Oeste. O esperto veneziano, que nem foi geógrafo, nem astrônomo, nem físico como Copérnico e outros, compreendeu o segredo da geografia terrestre e voltou para Europa com a nova teoria: "para ir às Índias, pode-se tomar uma caravela e navegar para o poente". Os Turcos ameaçaram o caminho terrestre para as Índias; então, o comércio teve um outro caminho mais fácil, mais barato e mais seguro. Aqui está o grande mérito de Marco Polo e, realmente, seu livro foi a base, não só para a nossa ciência geográfica e astronômica da época da Renascença, mas também para o descobrimento do Novo Mundo.

Mas, por outro lado, o livro de Marco Polo criou também

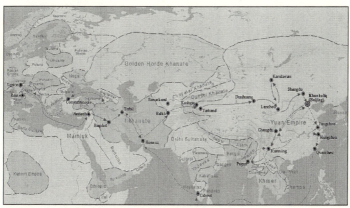

Roteiro das viagens de Marco Polo (1230-1250).

Marco Polo (1254-1324)

uma grande confusão nas outras noções geográficas. Ele não sabia a língua dos árabes e entendeu-se com os navegadores por meio de intérpretes que sabiam italiano. Não tinha a menor noção sobre distâncias marítimas e como os navegadores dissessem que atrás das Índias e das ilhas (quer dizer, Polinésia e Austrália) estava o grande país Catai e atrás dele Sipanga, pensava Marco Polo que Catai fosse a China e Sipanga fosse o Japão. Os modernos escritores chineses e japoneses provaram, há muitos anos, que a China nunca teve o nome Catai, nem o Japão o nome Sipanga.

No livro de Marco Polo o último nome não é escrito Sipanga, mas Cipango, diferença que não tem importância. No italiano sempre se usa a terminação "o" em palavras exóticas, e o "C" no princípio da palavra é errado, pois ninguém disse "Tchipanga", como se devia pronunciar o nome com o "C" italiano. Nem a língua japonesa, nem o árabe, nem o tupi possuem a consoante "tch". Podemos, por isso, bem supor que o nome era Sipanga.

Marco Polo conta que esteve na China, onde foi chanceler e conselheiro íntimo do "Grande Khan" da Mongólia, e acrescenta muitas histórias fantásticas, que os modernos chineses declaram puras invenções. Mas, para lá ele viajou por terra, saindo da Índia; por isso não pôde ele calcular a distância marítima. No Japão, a que ele chama Sipanga ou Cipango, não esteve, mas declara que essa ilha estava situada longe do Grande Oceano, dez mil milhas distante do continente asiático, quase no meio entre a Ásia e a África.

Esta foi, indubitavelmente, a indicação que Marco Polo recebeu dos navegadores árabes. No meio, entre as Índias, nas quais contavam-se também as ilhas da Polinésia e África, está

Kublai Khan (1215-1294).

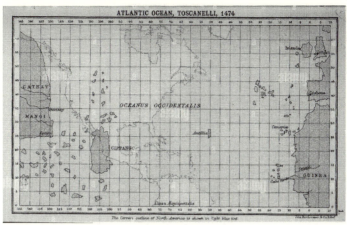

Mapa de Toscanelli com a localização de Cirpangu.

a América do Sul, e não o Japão. Assim, confirma Marco Polo, mesmo contra a sua vontade, a nossa hipótese de que Sipanga era o nome antigo duma parte da América do Sul, respectivamente do Brasil.

E agora Catai. Plínio diz que os Montes Catai são altas montanhas da Sarmenha. Isso é uma noção vaga: Sarmácia é a grande planície do Norte da Europa e da Sibéria. Lá existe a montanha "Altai", mas os romanos tinham poucos conhecimentos daquelas regiões. Os navegadores árabes da Idade Média, que andaram no país Catai, não atingiram essas regiões continentais do Norte.

O autor deste tratado viajou no Alto Solimões e nos rios do Acre, no ano de 1910, quando não estudava ainda a antiguidade do Brasil. Ali ele foi informado que as tribos indígenas chamam aquela parte do Brasil de "Catai". O grande mapa do Acre, organizado por ordem do Governo Federal no tempo das negociações com a Bolívia e Peru, contém diversos lugares com o nome Catai, conforme as denominações dadas pelos moradores daquela região.

A palavra tupi cata-i significa "o grande mato do rio". Esse rio, respectivamente todos os rios que formam a bacia do Alto Amazonas, vem dos Andes. Por isso, pode-se explicar Catai como o grande país do mato que se estende até as altas "montanhas". A nossa hipótese é que Sipanga, o país dos sete povos, era o nome dado ao Nordeste do Brasil, até o Pará, enquanto Catai era a denominação do interior da Amazônia, até os Andes.

* * *

Toscanelli acrescentou à sua carta, escrita em 1475 ao rei D. Afonso V, um mapa, no qual ele desenhou a posição das ilhas Antilhas e Sipanga, quase no meio entre a África e a Índia Oriental, com distâncias quase exatas, a respeito das dimensões do Atlântico, mas não conhecia ainda a existência do continente americano. Ele pensava que se pudesse navegar desde o mar Mediterrâneo até o continente da Ásia, numa linha reta, que passava entre as Antilhas e Sipanga, opinando que as ilhas Antilhas fossem uma grande ilha apenas.

Depois disse: "O que vós chamais a Ilha das Sete Cidades é a grande ilha Antilha, que se estende para o Sul, quase até a ilha Sipanga. A distância entre essas duas ilhas é de 2500 espaços, que são iguais a 225 léguas. A ilha Sipanga é a maior ilha que nós conhecemos e é riquíssima em metais e pedras preciosas, assim como em todas as outras riquezas da natureza".

Toscanelli escreveu essa carta na idade de 73 anos. Era um dos mais instruídos geógrafos do seu tempo. Tinha feito muitas viagens para o Oriente, onde recebeu da parte dos árabes as informações sobre as distâncias marítimas. Ele convenceu-se de que a asserção de Marco Polo a respeito da identidade de Japão e Sipanga fosse errada e calculou bem que Sipanga estivesse situada no lugar onde está o Norte do Brasil. A distância entre a ilha mais meridional das Antilhas e as Guianas é menos de 225 léguas.

O erro de Toscanelli de que as Antilhas fossem uma única ilha é sem importância. Se ele tivesse sabido que as Antilhas são um grande grupo de ilhas não poderia identificá-las com a ilha das Sete Cidades. Em todo caso, a Junta dos Matemáticos de Lisboa tirou da carta do geógrafo florentino a confirmação de que Sipanga seria um continente, como indicou o mapa de Fernando Telles. A costa, com embocaduras de grandes rios, não podia ser a duma ilha.

* * *

A lista dos fatos acima enumerados forma a grande moldura histórica, dentro da qual desenvolveu-se a antiguidade do Brasil. Examinaremos agora os acontecimentos que se desenrolaram no próprio solo brasileiro.

Capítulo 3

ORIGEM, LÍNGUA E RELIGIÃO DOS POVOS TUPIS

A cronologia dos fatos históricos dada no capítulo precedente contém um ponto que o historiador não pode sustentar por documentos irrefutáveis. Isso é a teoria de Varnhagen e dos padres espanhóis, que opinaram que os tupis e caris saíram das ilhas caraíbicas para a Venezuela e o Norte do Brasil. Outros escritores brasileiros apresentaram diversas conjeturas, de que os tupis tiveram suas sedes originais no planalto da Bolívia ou nos pendores dos Andes, de onde chegaram, depois de longas migrações, às costas brasileiras,

O autor deste tratado nunca pôde dirimir suas dúvidas a respeito dessas teorias; mas, por recomendação dum amigo culto e zeloso, colaborador de minhas investigações, adotei a opinião da emigração dos tupis da parte das ilhas caraíbicas. Novas indagações, porém, me obrigam a abandonar definitivamente a teoria da origem brasileira, respectivamente americana, dos tupis, e declaro agora com plena convicção o seguinte: Tupi é o nome coletivo de todos que adoraram Tupã como Deus supremo e único, significando a palavra: "filho ou crente de Tupã".

A religião tupi apareceu no Norte do Brasil, na época de 1050 a 1000 anos antes de Cristo, simultaneamente com os fenícios. Essa religião foi propagada por sacerdotes cários, emissários da ordem dos piagas, sob a direção dum chefe-sacerdote chamado sumer, cujo nome mudou, pelo, abrandamento da letra 'r' em sumé.

A língua tupi é um ramo da língua suméria, formada e falada pela Ordem dos Magos, na Caldeia, desde os tempos do rei Urgana, isto é, 4000 anos antes de Cristo. O sumer, chefe espiritual da nação, era o mestre supremo da legítima e sagrada religião, por isso chamada "língua suméria". Os primeiros documentos escritos que possuímos, e que estão guardados no Museu Britânico de

Londres, são leis do rei Urgana, escritas em placas de barro queimado, assinadas pelo mesmo rei. O texto dessas leis contém dúzias de palavras tupi. O teor da primeira lei assim começa: **Jâr Urgana, Agad te Sumermuru...** Jâr significa: senhor, rei, chefe temporal. No tupi temos a mesma palavra: **Taba-jaras**: senhores das tabas: **Goia--jaras**: senhores dos Goias. Na Pérsia ficou sempre esse título: **Jâr Dario**, até o último **Shar** da Pérsia, destronado pelos bolchevistas. O **Tsar** da Rússia tinha o mesmo título.

Agad é o nosso **agatu** ou **acatu**: bom; do grego **agathos**. No título do rei Urgana significa **agad**: majestade. A conjunção **te** é igual nas línguas antigas: no grego **et**, no latim **te**, no tupi **ité**, como em **ita-ité** (pedras altas), **batur--ité** (montes altos). (Nas antigas línguas formou-se o plural pelo sufixo te, como se diz: uma pedra e mais uma pedra).

Sumer, no título do rei Urgana, significa que aquele monarca reuniu na sua pessoa o poder temporal com o poder espiritual, quer dizer, foi rei e simultaneamente, chefe da Ordem dos Magos. Na história da Babilônia encontram-se muitos casos, em que os chefes da ordem estiveram em oposição contra as dinastias. Por esse motivo, assumiram alguns reis também o cargo de sumer. De outro lado, arrogaram às vezes chefes da ordem honras de realeza, como aqueles três Magos que visitaram o menino Jesus denominaram-se reis.

Mu significa na lei de Urgana "construiu". Segue a lista dos templos, palácios, edifícios e canais que o rei mandara construir. No tupi temos o mesmo verbo; **cara-muru** é o mestre-de-obras da escola dos cários. Da mesma origem são, no latim, as palavras **muros** e **murare**; no germano, **mauer** e **maueru**; no alemão do baixo, **mur** e **muren**.

Esse exemplo de parentesco entre a língua tupi e a antiquíssima língua suméria abre-nos uma vista clara na antiguidade brasileira. Os piagas trouxeram para cá a língua da sua ordem, ampliaram-na pelos vocábulos das línguas indígenas tapuias e formaram uma língua geral, o nhenhen-gatu, que significa "o bom andamento", e devia diferenciar os educados e civilizados crentes de Tupã dos silvícolas tapuias.

* * *

Na época de 1800 a 1700 anos a.C. saiu da Caldéia, como emissário da Ordem dos Magos, o progenitor, respectivamente organizador e legislador dos povos cários, chamado K.A.R. Esse nome é uma fórmula cabalística, cuja significação pertencia aos segredos da ordem. Car fundou a confederação dos povos cários com a capital Hali-Kar--Nassos (Jardim Sagrado de Car), na ponta de sudoeste da península da Ásia Menor. Heródoto nasceu na mesma cidade e deixou-nos, na sua *História Universal*, os traços principais da vida e da grande obra civilizadora de Car.

A religião propagada por Car era baseada na crença num Deus onipotente, a quem ele chamou P.A.N., também uma palavra cabalística, que significa "Senhor do Universo". Dois séculos depois pregou Moisés a mesma crença a um Deus onipotente, a quem ele chamou, Je-oh-vah. O nome Pan, com o significado Senhor, ficou nos países orientais em todos os tempos. Alexandre Magno foi chamado na Ásia "O Pany Alexandros". Na Tchecoslováquia, na Polônia, na Rússia e em outros países usa-se ainda hoje **Pane** e **Panje** como elocução. "Pane Aritony" é igual ao "Sir Antonio". Note-se também que a palavra **panis** (nosso pão) vem de Pan: a dádiva de Deus.

Tu-Pan, o Deus onipotente na religião dos antigos brasileiros, significa: "Adorado Pan". Na língua dos cários, fenícios e pelasgos significa o substantivo **Thus**, **thur** (respectivamente **tus, tur** e **tu**): "sacrifício da devoção" ou "incenso". Tudo que o homem oferece a Deus é, na língua da ordem dos sacerdotes cários, **T.U.**, também uma fórmula cabalística. O infinitivo do verbo "sacrificar" é, no fenício: **tu-an**; no germano, **tu-en**; no grego, **thu-ein** e **thy-ein**; no latim, **tu-eri** (venerar, contemplar, olhar, guardar). **Thus**, também no latim, é o incenso que se oferece a Deus e, respectivamente, aos deuses. A origem de **Tupã**, como nome do Deus onipotente, recua à religião monoteísta de Car.

O caráter do monoteísmo não fica alterado pela circunstância de que a religião de Car reconheceu também uma divindade feminina, como a religião cristã-católica adora Nossa Senhora. Na Ásia Menor foi adorada, como madre de Deus, a divindade Kybele (ou Cibele), com diversos outros nomes locais. Entre estes nomes encontram-se **Tu-pana** e **Tu-Kera**. O nome da deusa Geres foi escrito no

Cibele, a grande deusa anatólica.

latim arcaico **Caeres** e **Kaeres**, cujo nome é uma forma feminina de **Kar**. Outras formas femininas são **Karmosa, Karmina, Kaermona, Kaerimona** e **Caerimona**, donde vem nossa palavra "cerimônia", que significava antigamente: "o altivo gesto da sacerdotisa de Vesta". A Ordem das Vestais era uma filial da ordem das **Cariatides**, cuja primeira chefina foi Caria, filha de Car. Vestígios dessa crença encontramos na religião e língua tupi. Os primeiros evangelizadores do Brasil, padres católicos, que indagaram, nas suas conferências com os piagas (respectivamente, pajés) e com os principais das tribos indígenas, das crenças e noções religiosas dos tupis, encontraram as seguintes palavras:

1°) Com o nome **Tupã** veneraram os tupis, o único e onipotente Deus, como criador e governador do mundo.

2°) Pelo nome **Tupana** indicaram os tupis a força divina e criadora, exatamente como se chamava a deusa Cibele.

3°) A palavra **Tupan-Kere-Tan**, explicam os padres Manoel da Nóbrega e Anchieta, conforme as interpretações dadas pelos pajés, como "terra da madre de Deus". Não tendo a lingua portuguesa a letra K, escreveram os posteriores escritores: **Tupan-Cere-Tan** e traduziram: "terra de Geres, respectivamente da mãe da natureza". O autor explica a palavra **Tupan-Kere-Tan** como "a terra da mãe divina" ou "a mãe divina da terra". Essa divindade feminina ficou na religião tupi em lugar secundário; mas os padres católicos a identificaram logo com Nossa Senhora.

4°) Existem na língua tupi também os nomes **Kerina** (escrito também **Querina**) e **Kera-ima**, indubitavelmente derivados de **Kaerimona**, da religião de Car. Os piagas explicaram a palavra como nome da "mulher sem sono, que não dorme e fica vigilando, para ajudar às mulheres doentes, que a chamam". Outros interpretaram **Kerina** como a "mãe da água", que protege a criação de peixe contra aqueles que o envenenam usando timbó. Os padres denominaram, depois, as mulheres que não pediram o batizado de suas crianças, **Kera-ima**, qualificando-as como "adeptas de Kerima".

* * *

Essas quatro palavras da religião tupi apresentam para o historiador e filólogo a prova de que essa religião foi introduzida e propagada no Brasil pelos sacerdotes, respectivamente emissários da ordem de Car, chamados piagas. Antes de explicar o significado desse nome, devemos falar sobre a palavra **abuna**, com a qual chamaram os tupis, os padres da Companhia de Jesus. O padre Antonio Vieira conta-nos como seus amigos indígenas explicaram esse nome: "Tu és nosso pan (aba) e andas com vestido preto (una)". Então, **abuna** é o padre vestido de preto.

Já Varnhagem encontrou na antiga história do Egito a palavra **abuna** como nome dum sacerdote, e perguntou se poderia existir entre essa palavra egípcia e a palavra idêntica tupi qualquer relação. Hoje temos uma prova mais simples. Pergunte-se a algum comerciante sírio-fenício residente no Brasil como se chama na Síria um padre. Ele dirá: "na nossa terra existem duas categorias de sacerdotes. Cada aldeia ou paróquia tem um padre casado, que vive com seus crentes e administra a igreja. Além disso temos frades, não casados, que fazem viagens e visitam as comunidades dentro e fora da Síria. Eles andam com batinas pretas, compridas e com cartolas altas, e lhes chamamos **abuna**. Esse é um nome muito antigo". Não precisamos de mais provas. A palavra **abuna** tem a idade de 3000 anos ou mais. Era o nome popular dos sacerdotes que acompanharam os antigos navegadores fenicios nas suas viagens longínquas, Esse nome conservou-se no Brasil desde aqueles tempos, da mesma maneira como ficou aqui o nome **caramanos** para os comerciantes ambulantes do Oriente, hoje modificado na forma popular para **carcamanos**.

O nome oficial dos membros da ordem de Car era **piaga**, como declararam os pajés aos primeiros padres católicos, na Venezuela. P.I.A. é uma palavra cabalística dos magos e abrange tudo que nós compreendemos na palavra "religião". A.G.A. é servidor de Deus, trabalhador da fé, guia do povo, ministro de Deus e do rei. Nas línguas fenícia, árabe, turca e grega encontra-se a palavra **aga** com aquele significado, **Agere** (agir) no latim, como **agein**, no grego, são derivados; no sânscrito, no Veda, nas línguas germânica e célticas existe a mesma palavra (**ackren**). Conhecemos centenas de nomes compostos com **aga** (Agamenon, Agamedes, Aganipa, Agatussa etc). **Agathos** (grego) e **agatu** (tupi) significam "bom".

Piaga significa "propagador de religião". No tupi encontramos **pia** para coração, bom andamento, caridade e obediência. O mesmo significado tem a palavra **pia** nas línguas fenício-pelasgas. No grego mudou o **p** em **b**: **bia** é a força moral e física, **bios** é a vida, movida pelo coração. No latim temos: **pia, pius, piare, pietas** (piedade) e muitos compostos.

* * *

Tupi não pode ter outro significado que "filho ou crente de Tupã". — "Povos tupis" foram todos os que adotaram a religião tupi.

Tupi-nambá era o varão legítimo tupi. **Tupi-garani** era o guerreiro tupi. **Tupi-naés, tupi-nikin** e **tupi-naki** eram parentes, respectivamente sócios dos tupis. **Tupinambarana** eram tupis afiliados, mas não legítimos, **tupi-retana** é a terra ou região onde moram tupis.

A respeito da religião tupi devo acrescentar ainda algumas explicações. O padre Claude d'Abbeville, um dos fundadores da cidade de São Luís do Maranhão, que esteve na ilha de São Luís durante um ano (1612 e 1613) e escreveu seu afamado livro sobre as 27 aldeias dos tupinambás daquela ilha, confirmou em cada página do seu livro que os tupinambás eram monoteístas. Eles veneraram (não adoraram) Tupã como Deus

Frontispício da obra *Histoire de la mission des peres capucins en l'isle de Maragnan et terres circonsvoisines*, Claude d'Abbeville e Ives d'Evreux, Paris, 1614.

onipotente e supremo, e não conheceram outros deuses. Nem a divindade feminina influía no pensamento religioso do povo. O padre e seus três colegas da ordem dos franciscanos, Ives d'Evreux, Arnenio de Paris e Ambrosio de Amiens, todos homens de alta cultura, conversaram diariamente com os chefes das aldeias, com os pajés e mesmo com as mulheres sobre todas as questões da religião e ficaram surpresos pelo interesse e entendimento que mostraram aqueles supostos selvagens para as discussões religiosas.

Claude d'Abbeville dá-nos o texto de um discurso de Japy Uassu,[1] cacique (juiz) da aldeia Juniparã, discurso este proferido poucas semanas depois da chegada dos franceses, numa grande reunião, à qual assitiram nove chefes e muitos populares. Os padres Daniel de la Touche, o Senhor de Ravardière, François de Rasilly e outros franceses já sabiam falar tupi. Mas Japy Uassu pediu que o intérprete David Migan traduzisse todas as suas palavras para o francês, de modo que todos compreendessem bem suas ideias e perguntas. O chefe indígena falou devagar e acentuou todas suas expressões. Falou sobre as aspirações de seu povo, explicou o que ele esperava da parte dos franceses, contou como os portugueses tinham enganado os tupinambás, e discursou, depois, sobre a religião e suas crenças. Disse que os tupinambás sabiam que o "grande Tupã" havia criado o mundo e todos os povos; que Ele mandou o dilúvio para castigar os homens por causa de seus pecados, e que Deus agora tinha enviado os piedosos **pay-eté** para tirarem o povo dos tupinambás da sua ignorância e ensinarem-lhe os verdadeiros mandamentos de Deus.

Quem lê hoje esse discurso do tupinambá Japy Uassu, julgará, talvez, que seja uma invenção do zeloso padre. Realmente, quando Claude d'Abbeville apresentou, na França, seu livro à Rainha-Regente e ao arcebispo de Paris, declararam todos os críticos que o livro era produto de fantasia, alegando que aqueles "índios selvagens" não poderiam ter tais noções de religião. Por esse motivo foi suprimido o livro, e o padre morreu de desgosto

1 Nota do Editor: Buscando novas informações sobre essa obra, encontramos na Biblioteca da França a 1ª edição do livro de Claude d'Abbeville e Ives d'Evreux, Paris, 1614. Selecionamos o discurso de Japy Uassu, que encontra-se na íntegra anexo a este livro.

Antiga História do Brasil - de 1100 a.C. a 1500 d.C.   71

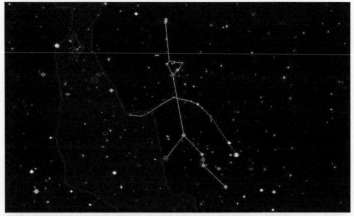
Constelação do "Homem Velho" - Prof. Germano Bruno Afonso.

dois anos depois. Ives d'Evreux escreveu a continuação da obra de d'Abbeville, declarando que este não escreveu uma palavra que não fosse aprovada por seus confrades. O livro de d'Evreux foi também suprimido pela censura eclesiástica, pelo mesmo motivo; mas d'Evreux guardou uma cópia e o manuscrito de d'Abbeville. Ambos os livros foram mais tarde publicados, pelos cuidados da ordem dos Franciscanos e, finalmente, traduzidos para o português, pelo culto maranhense César Marques.

O que mais irritou os incrédulos críticos da corte do rei Luís XIII foi o capítulo do livro de d'Abbeville sobre "a astronomia dos tupinambás",[2] que é um documento importantíssimo. O historiador não pode deixar de tirar dessas explicações sobre as noções astronômicas dos antigos brasileiros a prova de que estes foram ensinados por emissários duma ordem, que era ligada aos sábios da Caldéia. A "astronomia dos tupinambás", descrita por Claude d'Abbeville, mostra claramente os traços da astronomia da Ordem dos Magos.

A religião de Car, propagada pelos piagas, era puramente monoteísta; era precessora da religião monoteísta de Moisés, a qual ficou sendo a base da religião cristã. Os piagas que chegaram ao Norte do Brasil, na época de mil anos antes de Cristo, introduziram aqui a mesma religião, que se conservou, num estado rudimentar, até a chegada dos padres cristãos. Estude-se com atenção a obra do

---

[2] Nota do Editor: Sobre a "astronomia dos Tupinambás" transcrevemos em anexo, trabalho científico publicado pelo dr. Germano Bruno Afonso, intitulado: "As Constelações Indígenas Brasileiras".

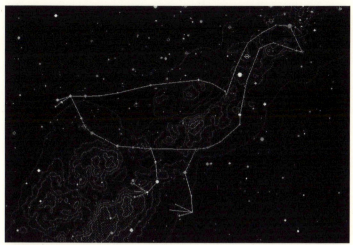
Constelação da "Ema" - Prof. Germano Bruno Afonso.

padre Antônio Vieira, que escreveu com muita convicção: "Aqui já andaram apóstolos do Nosso Senhor que implantaram na alma deste povo a religião de Deus".

Os piagas fundaram no Norte do Brasil uma grande escola, como sede da ordem e centro nacional e religioso dos "povos tupis"; denominaram esse lugar Piagui, de onde formou-se o nome Piauhy. O lugar mesmo, o grande 'Car-nutum brasileiro", eram as "Sete Cidades", como será demonstrado nos capítulos posteriores.

Capítulo 4

A IMIGRAÇÃO
DOS CÁRIOS AO BRASIL
– 1100 A 700 A.C. –

Os conquistadores europeus encontraram no Brasil numerosas populações que se chamaram: **cara, carara, caru, cari, cariri, cairari, carahi, carahiba, caryo e cariboca.**

Na língua tupi tem os nomes dos povos a mesma forma no singular como no plural. Diz-se: eu sou cara; nós somos **cara**. O mesmo costume encontra-se no inglês, onde se diz: they are **irish**, german **dutch** etc. (são irlandeses, alemães, holandeses etc.). A mesma regra existia nas antigas línguas fenício-pelasgas. A língua grega, que é mais recente, começou a formar o plural pelo sufixo 's', cuja regra transferiu-se às línguas romanas. Por isso aplicamos nós como plural as formas: **tupis, caras, caris, cários** etc., que não correspondem à língua tupi.

Aos padres portugueses declararam os pajés: **cara, cari, cário** que significa "homem branco". A cor branca é no tupi: **tinga**, também uma palavra pelasga, de cuja raiz vem nossa palavra **tingir**. A palavra tupi tabatinga significa "preparada de cal e argila branca". Mais tarde transferiu-se o nome tabatinga à argila dessa cor. A palavra **oca** significa "casa" qualquer e pertence também às línguas fenício-pelasgas. O grego mudou **oka** em **oeka, oika, oikia**; "administração da casa" é, no grego, **oiko-nomia**, de onde vem nossa palavra "economia".

Então a palavra tupi **tabatinga** significa "casa branca"; mas **cari-oca** é "casa dos brancos", dos cários.

Essa curta explicação linguística contém a prova de que os "cários brasileiros" são os descendentes dos homens brancos que imigraram para o Brasil, nos navios dos fenícios, na época de 1100 anos a.C. em diante. A pátria desses imigrantes era os países reunidos na confederação dos povos cários, a qual abrangia quatro divisões:

1º) Caru, que se estendeu desde o promontório Carmel até o monte Tauros; a grande metrópole desse país era a cidade Tur (respectivamente Tiro). Os gregos denominaram esse país Fenícia, hoje é chamado Síria.[1]

2°) Cari, que abrangia a costa meridional da Ásia Menor, à qual chamaram os gregos **Kalikia**, respectivamente **Cilicia**. Uma das maiores cidades dessa província era Taba, que nos lembra o **taba-jaras**, que pode significar: senhores de tabas ou cidadãos de Taba. O último significado parece mais razoável. Perto da cidade Taba passa o rio Pinaré, que nos lembra o rio Pinaré (não Pindaré) do Maranhão, onde o lago Maracu mostra ainda hoje as linhas de esteios petrificados, que são os restos dos estaleiros dos fenícios.

3°) Cara ou Cária, com a esplendida capital Hali-Car-Nasso, cuja situação geográfica rivaliza em beleza com a do Rio de Janeiro, onde os Cários fundaram uma colônia com o nome entusiástico:"Dos Cários Casa" (**cari-oca**). Na placa colossal da rocha, em cima da qual dorme hoje ainda o gigante brasileiro, cravaram aqueles navegantes de Halicarnassos, com letras lapidares, seus nomes e a data da sua chegada.

4°) Caramania foi o vasto "hinterland" que se estendia atrás de Caru e Cari, até o Eufrates. A capital dessa província era Carinana, e de lá vieram os pequenos comerciantes (caramanos), que se estabeleceram no interior do Brasil. Esses viajaram nos navios dos fenícios; mas esses últimos eram mercadores-capitalistas, que não trataram de comércio retalhista. Eis a origem do nome carcamano.

Amigos e aliados dos cários eram os reinados Ion e Il-Íon. Os gregos mudaram o nome Íon para Iônia e Ílion, que inspirou a Homero o título sua grande epopéia, a Ilíada, era Tróia. Iônia abrangia a maior parte da costa ocidental da Ásia Menor e dominava o Mar Egeu. Sua antiga capital era Éfeso, um grande empório comercial e artístico.

Ilion-Tróia era a poderosa fortaleza do Noroeste da Ásia Menor, a cabeça de ponte do estreito, que separava o "país dos Asas" dos povos conquistadores do Norte.

A época de Car foi a idade áurea da humanidade, glorificada nas poesias épicas e líricas do Oriente. Na confederação cária não reinavam o militarismo e a opres-

---

1 Caindo sob o domínio do Império Romano, a Fenícia foi incorporada à província romana da Síria que, curiosamente, recebeu esse nome pela corruptela da pronúncia grega do nome Tiro. Seus habitantes eram tírios, por conseguinte sírios. A região, Siria, é usado até hoje. (N. do Apres.)

H. Schliemann, o que acreditou em Homero.

são dos povos fracos. Justiça e intelectualidade eram os princípios governantes; as ciências e artes floresciam, o trabalho industrial e produtivo criou riquezas, a navegação fomentou o intercâmbio econômico e intelectual entre os povos, emissários das ordens e propagadores do alfabeto, das letras e das ideias humanitárias percorriam os países, como narram largamente Diodoro da Sicília e outros historiadores.

Não menos de 72 cidades e vilas foram fundadas com o nome de Car. Arábia feliz era uma colônia dos cários; no Egito nasceu a metrópole Carania e em Tebas (de 100 bairros!) foi dedicada a Car a "cidade santa" com os suntuosos templos, sob o nome Car-Nak. Na Frígia, Moesia e Lídia, no Monte Líbano, na ilha de Creta, nas ilhas e costas da Grécia, na Sicília, Itália e Ibéria, foram fundadas, pelos sacerdotes de Car, dúzias de cidades com o nome do grande progenitor. A metrópole do Norte da África era Car-thago; os druídas da Gália denominavam sua universidade e a sede da ordem: Car-nutum, que quer dizer "aqui interpreta Car as leis divinas", e deram o mesmo nome Car-nak àquele vasto bosque sagrado da Bretanha, onde estão hoje ainda colocados 800 altos dólmens, e onde foram celebradas, na antiguidade, as festas nacionais e religiosas dos gauleses, No Brasil foram fundados pelos sacerdotes de Car, respectivamente piagas, diversos lugares sagrados, com o nome Car-nutum, o qual mudou no correr do tempo para Ca-nudo.

A Idade áurea da humanidade terminou, como desapareceu o lendário paraíso de Adão. A época da paz foi substituída pela era das invasões e guerras conquistadoras. Saindo da Europa Central, invadiram povos fortes e numerosos, desde 1400 anos a.C., a península balcânica e se apoderaram progressivamente da Trácia, Macedônia, Tessália e Grécia. De lá eles prepararam seu avanço contra as ilhas e costas da Ásia Menor. O primeiro alvo foi a conquista de Tróia, que lhes vedou a entrada à Ásia.

Seis vezes foi conquistada essa cidade; mas sempre uniram-se os povos vizinhos, reconquistaram Tróia e expulsaram os invasores.

Finalmente, os povos gregos organizaram uma grande aliança, sob o comando dos Achajos, convidaram todos os guerreiros de grande nome, e caminharam contra Tróia, dispostos a conquistarem e destruírem definitivamente a grande fortaleza. Foi a guerra mundial da antiguidade. Ao lado dos gregos combateram 54 povos; os troianos tinham como sócios mais de 40 povos. As valentes amazonas, sob o comando de sua rainha Pentesiléia, não faltaram. Todas as tribos dos jônios e cários, todos os povos do interior da Ásia Menor, mandaram tropas auxiliares, armamentos e víveres, para ajudarem aos troianos. Dez anos ou mais lutaram os gregos sem resultado.

Morreram muitos nobres e heróis de ambos os lados. Mesmo o invencível Aquiles recebeu a flecha mortífera e a epopéia imortal de Homero não nega que os troianos e seus sócios opuseram uma resistência heróica aos gregos.

Enfim estes venceram, em 1184 a.C. e Tróia ficou em ruínas quase 3000 anos, até que o entusiasta Schliemann escavou, com mil trabalhadores, a afamada cidade, com o palácio do rei Príamo e com as outras localidades indicadas na Ilíada, de Homero. Schliemann provou, pelos documentos indeléveis de pedras lavradas, que a guerra de Tróia não foi uma lenda, mas um acontecimento histórico de alta relevância e, hoje sabemos, pelas inscrições nas pedras lavradas do Brasil, que as consequências da

Ruínas de Tróia VI. Portão sul da cidade e portão da torre.

Visão panorâmica a partir das ruínas de Tróia VI.

guerra troiana deram o impulso para o primeiro descobrimento do Brasil e a primeira imigração de povos brancos a este continente.

Os gregos, senhores da passagem dos estreitos e da entrada para o interior da Ásia Menor, ocuparam todo o litoral da Iônia e Cária e todas as ilhas do mar Egeu, inclusive a grande ilha de Creta. A ilha Kopros (no grego Kipros, no latim Cyprus, no português Chipre) ficou ainda alguns séculos contestada entre os fenícios e os gregos. Assim, o florescente reinado de Ion com Éfeso, Kolofon e muitas outras cidades e Caria com Halicarnasso, Meandro e Rodes caíram em poder dos gregos e foram helenizados. As populações indígenas foram escravizadas ou expulsas. Isso se deu na época de 1150 a 1000 anos a.C. e assim começou a época das emigrações dos povos do Mediter-

Canto sudeste das ruínas do muro de Tróia VI e torre H do sudeste.

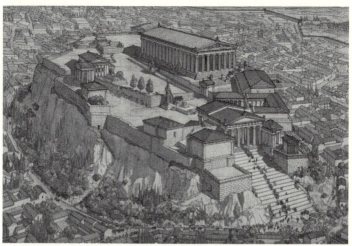

Atenas.

râneo. Encontramos nas narrações dos antigos escritores muitas informações de que tribos pelasgas e povos cários emigraram da Ásia e da Grécia para a Itália e Ibéria e mesmo para as costas do oceano Atlântico.

Depois, os gregos iniciaram sua expansão colonial para Oeste e ocuparam Sicília e o Sul da Itália, desalojando passo a passo os fenícios de suas colônias. Por todos esses motivos transferiram estes seu grande movimento marítimo às costas e ilhas atlânticas. Informados pelos tartéssios e atlantes sobre a existência duma ilha enorme, no outro lado do mar, tentaram os fenícios a travessia oceânica, desde as ilhas de Cabo Verde para o Nordeste do Brasil, sobre que possuímos o documento histórico de Diodoro da Sicília.[2]

[2] Diodoro da Sicília (~80-20 a. C.): Autor, historiador e filósofo grego da Sicília, do tempo de Júlio César e Augusto, de grande influência no espírito romano, nos epicuristas e estóicos. Escreveu *História Universal*, sobre toda a história mundial conhecida com cerca de 40 volumes, dos quais apenas alguns fragmentos são conhecidos. Nos capítulos 19 e 20 do 5º livro deu sua descrição da primeira viagem duma frota de fenícios que saiu da costa da África, perto de Dacar, e atravessou o oceano Atlântico no rumo do Sudoeste. Os navegadores fenícios encontraram as mesmas correntezas oceânicas de que se aproveitou Pedro Álvares Cabral para alcançar o continente brasileiro e chegaram após uma longa viagem às costas do Nordeste do Brasil. De acordo com um cálculo cronológico, dado no capítulo precedente, deve-se colocar essa viagem, esse primeiro descobrimento do Brasil, na época milenar a. C. (~1100). Segundo o relato do historiador pode-se comparar essa viagem da frota dos fenícios com a narração da aventura de Cabral: os navios andavam para o Sul, ao longo da costa da África, mas, subitamente, perderam a vista do continente e uma violenta tempestade levou-os ao alto mar. Ali, perseguindo as mesmas correntezas, descobriram eles uma grande ilha, com praias lindas, com rios navegáveis, com muitas serras no interior,

Os fenícios nunca chamaram sua terra de Fenícia. O nome era, como já explicamos, Caru para o país, bem como para o povo. Existiam também os nomes Canaã para o litoral e Araméia para a parte montanhosa. O nome fenícios deram-lhes os gregos aos navegadores de Tiro como apelido, significando "mercadores de tintas da ave fabulosa Fênix".[3] A cidade de Tiro teve 300 tinturarias e fábricas de tintas finas, cujos segredos químicos os gregos nunca descobriram. Na nomenclatura tupi acham-se os nomes Canaã e Aramés mas, em geral, encontramos os nomes cari, cara e caru. Caru-tapera, no Maranhão, era um estabelecimento marítimo e comercial dos caru, entre as fozes dos rios Gurupi e Iriti. Nas margens desses rios exploraram os fenícios as minas auríferas e a colônia, situada na margem dum canal largo e fundo, que floresceu durante muito tempo. Depois, quando os caru abandonaram a colônia, ficou o nome "Taba dos caru", que era carutapera. Na chegada dos portugueses estava ainda ali uma aldeia de tupis, que conheciam bem a existência das minas auríferas.

Os fenícios tiveram um forte interesse para levarem ao Brasil muitos imigrantes. Já falamos no 2º Capítulo sobre a expedição dos tirrênios à ilha de Marajó, sobre a aliança do rei Hirã de Tiro com os reis Davi e Salomão, da Judeia, para colonizar e explorar as terras do Alto Amazonas, e sobre a imigração duma parte da nação das amazonas, com navios dos fenícios. O grande número de imigrantes, porém, saiu dos países cários, inclusive Iônia.

Os imigrantes denominaram Ion o litoral maranhense, que mostra, com suas centenas de ilhas e penínsulas, uma surpreendente semelhança com o litoral da Iônia asiática: Maran-Ion, que quer dizer "a grande Iônia". Os guegués do Piauí têm irmãos do mesmo nome na Ilíria da península Balcânica; sobre o nome de taba-Jaras do norte do Piauí e da serra da Ibiapaba já falamos; os poti-Jaras, que mudou para poti-garas e poti-guaras, tiraram seu nome de poti,

---

cobertas por imensas florestas, com um clima ameno, abundante em frutas, caça e peixe, e com uma população pacífica e inteligente.

3 O mestre Antenor Nascentes explica o nome fenício vindo do grego Phoinikeíoi, do latim Phoenicios. O termo grego vem de Phoínix, que significa cor vermelha, púrpura. É fato que na cidade de Tiro fabricavam a famosa tinta de púrpura, obtida das glândulas de um marisco chamado murex e usada como corante de tecidos. (Nota do Apresentador).

que significa na língua pelasga um rio pequeno, afluente dum rio grande. Nas regiões dos cários existem muitos rios de nome Poti. No grego mudou a palavra em Pot-a-mos. Meso-Potânia é a zona entre os dois Poti: Eufrates e Tigre.

Colônias e vilas dos cários foram espalhadas sobre todo o território do Brasil, mas a maior parte dos cários domiciliou-se no interior do Nordeste, entre os rios Tocantins e São Francisco. Nas serras e sertões do Piauí, Ceará, Paraíba e Pernambuco formaram os cari e cariri uma numerosa população branca, cujos descendentes representam hoje ainda a maioria da população. A raça indígena, legítimo-brasileira, os tapuias de cor parda e cabelos lisos e pretos, vivia nas regiões dos cários, até a chegada dos portugueses, em malocas, separadas dos brancos tupis-caris.

À pergunta, como se pôde efetuar, mil anos antes da era cristã, a navegação transoceânica, com milhares de imigrantes, responderam já os escritores da antiguidade. Heródoto narra que na ilha de Chipre, na cidade de Car-Passo, existiam oficinas e estaleiros, onde se construíam grandes cargueiros com quatro e cinco mastros, que cabiam neles até 800 pessoas. Esses navios levaram em suas viagens grandes tanques de madeira com água doce e na língua tupi encontramos a palavra cara-mequara, que significa "um grande tonel para guardar água", fabricado pelos mestres cários. Plínio conta que no tempo do Império Romano os estaleiros de Carapasso ainda tinham o monopólio de construir aqueles enormes veleiros chamados "carapassios".

Car foi um gênio universalista. Ele organizou não somente a vida estadual e religiosa. Criou também bases seguras da vida social. Criou castas de operários e artistas e fundou escolas para ensinar as artes. "Car-pina" era a arte de lavrar a madeira de pino (em português, pinho). As palavras carpinteiro, caravela, caravana, cardo, cardear, carro, carrilho etc., indicam a casta e escola de trabalho de madeira. A casta dos cara-muru abrangia os operários de construção de edifícios e da fabricação de bronze, por meio de fogo.

Os pajés brasileiros explicaram o nome caramuru como "homem de fogo". A casta dos "caristas" era dos

Antiga História do Brasil - de 1100 a.C. a 1500 d.C.   81

artistas, que lavraram pedras e fizeram obras de mármore. A casta dos "car-dapos" era dos farmacêuticos, e a lista dos nomes dos antigos remédios e preparos vegetais e químicas contém centenas de palavras, indicadas pela escola de Car. Na língua tupi apareceram também centenas dessas palavras, até as fibras de "caro-até" (e não coroatá) que usaram e cardearam as discípulas da "Cária" para prepararem papel de linho e tecidos finos.

Os mestres cários eram os auxiliares dos navegantes e comerciantes fenícios, e foram eles que organizaram as grandes obras de mineração e da penetração econômica do interior do Brasil, sobre as quais falaremos nos capítulos seguintes.

Capítulo 5

A ESTAÇÃO MARÍTIMA "PEDRA DE SAL", A FUNDAÇÃO DE TUTÓIA E AS SETE CIDADES DE PIAGUI

As frotas dos fenícios, navegando nas costas brasileiras desde 1100 anos a.C., estabeleceram aqui numerosas estações marítimas, onde os navios podiam abastecer-se de víveres e água doce. Eram lugares protegidos contra as violências do mar e escolhidos em terrenos onde moravam habitantes pacíficos. A longa prática daqueles navegantes tornou essa tarefa relativamente fácil. O autor encontrou vestígios de tais estações em muitos pontos do litoral, desde Bahia até o Pará, que serão descritas nas partes de seus estudos sobre os respectivos estados.

O Piauí possui somente um curto trecho do litoral do Nordeste, mas os pontos pré-históricos que existem aqui são muito interessantes e instrutivos. O delta do rio Parnaí-ba chamou logo atenção dos peritos marinheiros. A água dum rio de curso curto, que enche com a maré e seca com a vazante, tem aparência muito diferente dum rio proveniente do centro do continente. Os navegantes, que conheciam o delta do Nilo, compreenderam bem que os braços da foz do Parnaíba pertenceriam a um rio importante, que daria acesso ao interior do país.

Os indígenas tapuias chamaram esse rio de "Pará", que quer dizer que é muito grande e deságua no mar. Mas o prático navegador sabe que os braços dum grande delta fluvial são sujeitos a rápidas mudanças de correnteza e por esse motivo é sempre conveniente procurar uma estação segura fora do delta, onde podem esperar os navios, para indagarem da entrada mais favorável. Por isso foi escolhida a estação de "Pedra de Sal".

Na costa de fora da "Ilha Grande de Santa Isabel", onde se estende a praia quase 30 quilômetros, sem colinas ou alturas, existem dois rochedos isolados, que podiam bem servir de balizas para a navegação costeira. O pri-

Delta do Parnaíba.

meiro rochedo está na distância de cinco quilômetros, e o segundo de oito quilômetros, saindo do porto de Amarração. O canal que liga os dois rochedos é bastante fundo para dar um ancoradouro seguro a veleiros de grande calado; a abundância de peixe que existe ali durante o ano inteiro facilita a permanência dos navegantes. Nesses rochedos são cortados, na linha da alta maré, que aparece ali durante três dias por mês, poços de profundidade de 60 a 70 centímetros. Esses poços são salinas que se enchem com água salgada e secam durante o mês, deixando uma boa camada de sal cristalino. Os depósitos aumentam nos meses seguintes. Tais salinas, feitas para o uso dos pescadores e navegantes do alto mar, existiam, na antiguidade, também nas costas do Mediterrâneo, como narra Heródoto. Na "Pedra de Sal", de Amarração, funcionam até hoje essas antigas salinas, de que os pescadores se aproveitam para salga do peixe.

Na parte superior dos rochedos acham-se os poços de água doce; um deles tem a profundidade de um mastro. Ali fica guardada a água das chuvas, sempre limpa e potável. No rochedo da praia está hoje o farol, construído em 1873 pelo engenheiro Newton Cesar Burlamaqui; ao rochedo do mar que fica sempre banhado pelas águas está sobreposta uma grossa pedra esférica, que os pescadores denominam "o globo". Não se pode qualificar essa pedra redonda como uma representação ou um símbolo do nosso globo terrestre, apesar de os antigos navegadores do alto mar já saberem que a terra tem a forma esférica. Usaram-se pedras dessa forma para mostrar que elas eram

Dunas do delta do Parnaíba.

colocadas como balizas e pontos indicadores às viagens marítimas e terrestres. No morro de Jericuacuara existe também uma pedra esférica sobreposta; no meio dos rochedos agudos de Quixadá encontra-se um globo quase perfeito, colocado numa das pontas proeminentes; em muitos outros lugares do Nordeste existem pedras semelhantes.

Lembra-nos também o grande globo na entrada do mar Mediterrâneo, sobreposto num dos altos rochedos que os antigos escritores chamaram "As Colunas de Hércules". A lenda liga essa pedra esférica à história do rei Atlantos (ou Atlas), que foi condenado pela divindade a sustentar em seu ombro essa pedra, que representa a Terra. Com certa razão deduzem alguns escritores modernos, dessa lenda antiquíssima, que os Atlantes, quer dizer os habitantes da desaparecida Atlântida, já conheciam a forma esférica do nosso planeta. Maior razão para supormos que os navegadores fenícios tiveram também esse conhecimento. Em 1924 foi encontrada, na areia da praia da "Pedra de Sal", perto do rochedo de fora, uma mão indicadora que, talhada com certeza numa ponta do rochedo, indicava o rumo do canal.

Aproveitamos a ocasião para lembrar que foi o faustoso governador do Piauí, Carlos César Burlamaqui, a última grande figura da época colonial neste estado, que estudou minuciosamente o delta do Parnaíba e compreendeu o valor e a significação das "Pedras de Sal". Foi ele quem mandou fortificar, em 1808, quando Napoleão invadiu Portugal, a barra de Tutóia, com três fracas peças de canhões (as únicas que teve à sua disposição), fato que tanto irritou seu

Delta do Parnaíba.

Antiga História do Brasil - de 1100 a.C. a 1500 d.C.

Praia da Pedra de Sal, litoral do Piauí.

inimigo particular, D. José Tomás de Menezes, governador do Maranhão. Foi como um tributo de agradecimento ao nome daquele grande patriota que D. Pedro II encarregou seu neto, Newton César Burlamaqui, de construir o farol do delta do Parnaíba, naquele ponto histórico e estratégico, já escolhido por seu avô.

* * *

Entrando no braço principal do delta do Parnaíba, escolheram os navegadores fenícios, ou seja, os emigrantes da Ásia Menor que chegaram nos navios dos fenícios, o lugar onde existe hoje a cidade de Tutóia, para construírem uma praça forte, donde eles pudessem dominar a foz do rio. Deram a essa colônia o nome Tur-Tróia, combinação dos nomes das duas afamadas cidades daquela época. Tur era a rica cidade-metrópole da grande navegação e Tróia era a heróica vencida, cujo nome trouxe a grinalda imortal da glória. Encontramos o nome Tur na antiga estação Touros (antigamente Turo), no Rio Grande do Norte, e na cidade Turi, do Maranhão, com sua filial Turana. Achamos também o nome Tróia na ilha Troíra, na foz do rio Maracassumé (mara-car-sumé), onde os fenícios e seus associados descobriram o tesouro dos Montes Áureos. O costume de cortar a letra "r" é muito antigo, e usado também no tempo moderno, na língua luso-brasileira. É provável

Rochedos isolados.

que os tupis pronunciassem Turtóia ou Turtróia ainda no tempo da chegada dos portugueses os quais cortaram o r, como eles escreveram a palavra tupi tartar (fogo) como "tata".

A nossa tese fica sustentada por dois documentos: 1° pela existência de antigas muralhas que encontraram os primeiros colonizadores portugueses, fora da aldeia dos tremembés, chamada Tutóia; 2° pelo testemunho do padre Claude d'Abbeville, que afirmou que os principais dos tupinambás na ilha de São Luís não queriam dar aos franceses a permissão definitiva de construírem o forte do Maranhão (em 1612), sem o consentimento do grande morubixaba de Tutóia, que era o chefe do litoral inteiro daquela zona.

O historiador Varnhagen opina serem aquelas pedras restos das muralhas que o primeiro donatário português, Antônio Cardoso de Barros, mandou construir. Mas parece pouco provável que esse donatário, que fez somente uma ligeira viagem na costa, sem parar no rio Parnaíba, tencionasse fortificar aquela antiga vila, onde residia o morubixaba-chefe da região. Também, quando Jerônimo de Albuquerque quis ocupar, na sua expedição contra os franceses de São Luís, a foz principal do Parnaíba, o destacamento incumbido dessa tarefa deixou Tutóia em paz, e construiu uma pequena estação no entroncamento do braço Igara-assu. O escritor da *Cronologia Piauiense*, F. A. Pereira da Costa, chama essa estação de "casa forte de Piriá ou Pirajá", mas não pode indicar o lugar onde foi construída. Não se pode ligar esses acontecimentos com as antigas muralhas de Tutóia.

Varnhagen acha importante o fato de que os restos daquelas muralhas mostrem pedras ligadas com cuidado; essa mesma circunstância fala em favor da antiguidade dessas muralhas. Os pedreiros antigos não só sabiam preparar a argamassa de pedras com cal, mas também com diversas espécies de cimento, embora Antônio Cardoso de Barros não tivesse, provavelmente, tempo para procurar cal e fazer casas fortificadas, que logo depois caíram em ruínas. Eis a mesma controvérsia, surgida pelo fato de que no Maranhão, na península situada em frente à cidade de São Luís, foram encontrados restos de antigas muralhas, cuja origem não pôde ser comprovada do tempo dos europeus. Na ponta da península de Camocim (Ceará) foram encontrados os mesmos vestígios de antigas muralhas, e na ilha de Troína (Maranhão) os navegantes ainda hoje avistam grandes blocos de pedras, provenientes de muralhas duma praça forte e alta.

* * *

Recapitulemos: os navegantes de alto mar procuraram primeiro a estação de fora, a "Pedra de Sal"; depois eles entraram com boa maré no braço de Tutóia, onde lançaram ferro no ancoradouro. Dali visitaram a cidade que era ligada com o rio por um estreito canal, que enche e vaza com a maré. Esse não podia ser um porto para longa demora. A antiga navegação não tinha linhas de carreira, como as modernas companhias marítimas. Os navios fizeram viagens comerciais que demoraram muitos meses e anos. Um veleiro grande, que fez a viagem do mar Mediterrâneo a Tutóia, trouxe para cá centenas de imigrantes e um grande carregamento de fazendas, ferramentas, armas de bronze, objetos artísticos e bebidas finas. Em troca dessas mercadorias o dono quis ouro, prata, cobre estanho, pedras preciosas e principalmente salitre ("nitinga") para os embalsamadores dos mortos, no Egito.

Um tal comércio não pôde ser realizado em Tutóia mesmo. O dono ou o encarregado do navio devia fazer longas viagens ao interior; devia organizar empresas de minas e estabelecer agências nos principais pontos de comunicação. Mas onde devia ele deixar o navio, que necessitava de consertos e não podia ficar no ancoradouro aberto de Tutóia? Os grandes peritos em navegação sabiam resolver esse problema com facilidade. Eles procuraram um lago fundo com bom acesso para seus navios e construíram ali um porto terrestre, com estaleiros, e com uma colônia agrícola. Deviam também existir por perto florestas com boas madeiras de construção naval.

Os fenícios encontraram esse porto fluvial no lago São Domingos, onde é situada a cidade Buriti dos Lopes. O rio Longá deságua nesse lago, que se comunica com o rio Parnaíba por um canal de 12 quilômetros de comprimento. Hoje esse canal não é bem navegável, mas nunca falta água suficiente e um engenheiro que queira examinar o valor desse canal logo constatará que antigamente existiu uma boa estrada fluvial. Um exame meticuloso do lago mostraria muitos sinais ou restos de antigos estaleiros e aterros, como já foram achados na vizinhança do lago diversos letreiros.

Lagoa do Buriti. Buriti dos Lopes, Piauí.

Sobre as estradas que saíam do lago São Domingos para a Serra de Ibiapaba e para o Alto Longá falaremos mais tarde. Aqui seja explicado o seguinte: o Maranhão teve portos fluviais dos antigos navegadores em três lagos que existem na confluência dos três rios Mearim, Pinaré e Grajaú. São os lagos Maracu, Verde e Assu, onde existem ainda longas linhas de esteios petrificados, em cima dos quais estavam os estaleiros. Rio Grande do Norte teve dois portos fluviais: no Lago Geral, perto dos Touros, e no lago de Estremós, este último com antigos aterros e subterrâneos. Ambos os lagos são ligados com o mar através de canais artificiais de 10 e 11 quilômetros de comprimento.

Pedra do Letreiro. Buriti dos Lopes, Piauí.

A respeito dos nomes Buriti dos Lopes e Longá não pôde o autor encontrar documentos de que esses nomes foram dados pelos colonizadores portugueses. O nome Lopes, no português, parece ser derivado de "lobo"; mas no tupi existe o nome "lobo", que Teodoro Sampaio traduz como "tapuia brabo ou selvagem errante". Assim poderia

Antiga História do Brasil - de 1100 a.C. a 1500 d.C.   89

Pedra do Letreiro. Buriti dos Lopes, Piauí.

significar que o "Buriti dos Lopes" era antigamente um buritizal, infestado por indígenas brabos. Podemos também lembrar que a palavra lopo ou lupo, (em português, lobo) já existia na língua pelasga e que não seria impossível que os imigrantes cários tivessem importado essa palavra ao Brasil. Essa pequena explicação etimológica devia mostrar que o nome "Buriti dos Lopes" não exclui a possibilidade de que essa vila já existisse na antiguidade, quando ali estava o receptáculo dos cargueiros transoceânicos. O significado do nome Longá parece ainda mais complicado, apesar de quê a palavra tem o som português. A derivação do tupi é bastante difícil; existe, porém, a palavra tupi logá, que pode significar "vermelho". No inverno chuvoso mostra o rio Longá uma cor vermelha.

* * *

Entremos agora no lugar principal do antigo Piauí, nas afamadas "Sete Cidades".

No 2º capítulo é largamente narrado como começou, no tempo do Infante D. Henrique, a caça da "cavalaria oceâ-nica", para procurar a lendária "Ilha das Sete Cidades". Depois, o açoriano Fernando Telles apresentou, em 1473, ao rei Afonso V o mapa dum extenso litoral, a que chamou ele a costa da ilha das Sete Cidades, e para a qual pediu uma carta régia de doação. Teles possuía diversas caravelas; seus filhos e seu genro Fernando Ulmo foram pilotos e todos eles navegaram nas ilhas das Antilhas e nas costas setentrionais da América do Sul.

Também Afonso Sanches, de cujo roteiro aproveitou-se Colombo para o seu "descobrimento" do Novo Mundo, esteve primeiro a serviço de Fernando Telles. Amigo de Sanches foi João Afonso de Estreito, morador da ilha da Madeira, e quando Sanches morreu misteriosamente na casa de Colombo, respectivamente Perestrelo, na mesma ilha da Madeira, procurou logo João Afonso de Estreito a Fernando Ulmo, no sentido de organizarem uma nova empresa e impedir que Colombo pudesse tomar posse da ilha das Sete Cidades. Estreito e Ulmo foram a Lisboa e receberam do rei D. João II uma nova carta de doação, na qual o rei prometeu auxiliar a empresa dos dois donatários, com soldados e navios da Armada portuguesa, para conquistarem "**as ilhas e terras firmes de Sete Cidades**".

Esse o teor da carta régia, cuja cópia existe no arquivo da Torre de Tombo, a qual afasta qualquer dúvida de que a Junta dos Matemáticos e o rei mesmo estavam convictos de que a "ilha" das Sete Cidades era um continente, com muitas ilhas e terras firmes. E mais: Fernando Telles e seus auxiliares, apresentando um mapa de um litoral com muitas ilhas, só poderiam ter andado na costa do Maranhão até o delta do Parnaíba. Mais para o Sul a costa não tem mais ilhas e canais e se eles tivessem navegado na costa do Pará deviam ter conhecimento do rio Amazonas, que é excluído por todas as circunstâncias.

O teor da carta régia é também a prova inegável para e fato de que Fernando Telles ou sua gente estiveram no Piauí antes da primeira viagem de Colombo, e que eles tinham notícias certas da existência das Sete Cidades do Piauí. Os fatos deram-se, com certeza, da seguinte maneira: a primeira carta de doação, concedida a Fernando Telles em 1475 fala só da "ilha" das Sete Cidades, que o donatário queria povoar, e esse documento é baseado na declaração do geógrafo florentino Toscanelli, o qual afirmou que essa "ilha" existia na realidade, sendo, porém, a mesma que se chama também "ilha das Antilhas". A junta aprovou essa doação, depois de longas discussões, e Telles ficou intimado a estudar bem a situação da apetecida ilha.

Telles levou nessa viagem, com seus companheiros, de cinco a seis anos e morreu antes de voltar a Lisboa. É certo que "ele andou nesses anos pelas costas brasileiras e indagou em toda parte da ilha pelas Sete Cidades.

Os açorienses sempre tinham pessoas que entendiam a língua tupi, e entrando Teles no rio Parnaíba foi, ele mesmo ou um dos seus pilotos, informado — provavelmente em Tutóia — que as Sete Cidades existiam no interior do Piauí. Acho eu que eles fizeram também uma viagem por terra e visitaram a antiga metrópole. Em 1484 chegou Fernando Ulmo a Lisboa e declarou ao Governo: "A ilha das Sete Cidades é um grande país com muitas ilhas e terras firmes, com uma antiga cidade de sete divisões". E comprovou com um mapa a sua afirmativa.

Isso não é vaga suposição. Era rei de Portugal D. João II, um grande diplomata e geógrafo da escola do Infante D. Henrique. Ele nunca teria dado a Ulmo aquela carta de doação para "conquistar as ilhas e terras firmes das Sete Cidades" se, com seus conselheiros, não achassem essa empresa perfeitamente séria. O motivo por que esse projeto não foi logo realizado deve-se à falta de recursos da parte de Ulmo que, associando-se a Estreito, este não cumpriu suas promessas. Também os capitalistas de Lisboa, que já tinham perdido tanto dinheiro com os projetos de Colombo, não estavam dispostos a ajudar aqueles pobres pilotos que não sabiam conversar e fazer propaganda nos meios da alta sociedade.

Mas o governo não ficou inativo. Os conselheiros do rei sempre estudaram o caso e recebendo a notícia de que os espanhóis Pinsons tinham chegado ao mesmo continente, embora muito mais para o Sul do que os pilotos de Telles, prepararam eles as bases geográficas para a grande, vitória diplomática de Portugal, no tratado de Tordesilhas. O nome de "Ilhas das Sete Cidades" para o Brasil ficou eliminado, pelo motivo de não corresponder à realidade, mas isso não diminui o seu valor histórico.

* * *

As Sete Cidades de hoje pertencem ao município de Piracuruca, cuja linda sede, com largas e grandes praças, não lembra mais o antigo aldeamento dos jenipapos, fundado pelo encarregado de Domingos Mafrense. A sudoeste de Piracuruca encontram-se as Sete Cidades, distante 17 quilômetros. Perto da entrada existem alguns moradores com agricultura pouco desenvolvida. A estrada de rodagem fica longe, desviada para a serra e a cidade de Itamarati, hoje denominada Pedro II. O caminho para as Sete Cidades se perde dentro de mata baixa e cerrada e entre rochedos isolados. Subitamente os cavalos param perante uma linha de rochedos de três a cinco metros de altura, semelhante a uma longa linha de fortificações, atrás a qual são escondidos os batalhões de caçadores que vedam a passagem ao inimigo avançante. Com dificuldade passam os cavalos esses rochedos e entram num estreito desfiladeiro; mas a vista fica tomada pela muralha da "fortaleza", formada por blocos de pedras, altos até dez metros. Transpõem esse forte poderoso por uma estreita rua, flanqueada por muros, fortificados por pesadas peças de artilharia. A ilusão é quase completa. Mas os supostos canos de canhões são chapas de ferro fracas, derretidas na cremação vulcânica antediluviana, enquanto o interior das pedras compõe-se de areia, *spath* e pouco granito. Por efeito do sol e da ação atmosférica dobrou-se essa capa de ferro e ganhou a aparência de canos de ferro. Algumas pedras mostraram altas figuras fantásticas e, tendo sempre aquela capa de ferro, parecem elas ser monumentos ou estátuas de bronze, fundidos pela arte humana.

A fortaleza abrange uma área retangular de 25 hectares, isto é, um quarto de quilômetro quadrado; para leste enxergam-se mais alguns contrafortes. Depois dum pequeno intervalo, na planície, a estrada entra na "Primeira Cidade" cuja área é a dupla da Fortaleza. Os rochedos formam duas linhas compridas, entre as quais se estende

Parque Nacional de Sete Cidades, norte do Piauí.

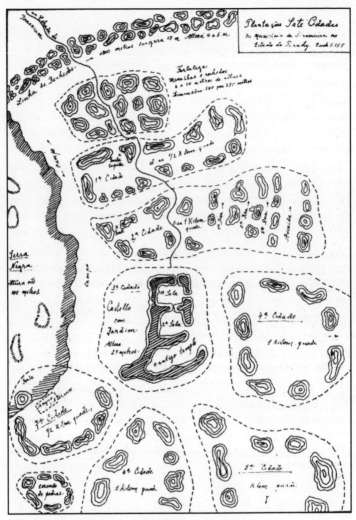

Planta de Sete Cidades (desenho do autor).

um estreito campo, interrompido por rochedos menores e altos. Uma fonte de água tépida e mineral indica ainda a antiga ação vulcânica e um arvoredo sombroso dá a essa cidade de pedras a aparência de um lindo parque. A "Segunda Cidade" tem uma extensão muito maior. Na parte oriental formam os rochedos diversas ruas e uma avenida larga e extensa, na direção da serra oposta. Muitos rochedos apresentam, de longe, a pequena forma de casas, algumas com sobrado, outras com arcos e pequenas torres; mas, vendo de perto, o visitante repara

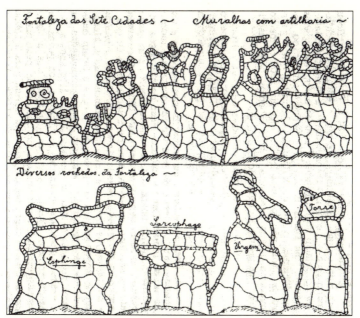
Fortaleza das Sete Cidades (desenho do autor).

somente blocos de pedras.

A "Terceira Cidade" está na mesma altura, com grande "castelo" que forma o centro. As muralhas desse enorme edifício levantam-se até 20 metros de altura. É dividido em três partes: o primeiro salão era o lugar do congresso, isto é, da reunião dos delegados e deputados; o segundo salão era a sede do supremo morubixaba, isto é, governador eleito como chefe de todas as tribos por um certo prazo. O terceiro pátio amplo era o templo onde o sumé, assistido pelos piagas, administrava suas funções religiosas. Ali está a grande estátua do sacerdote-chefe, de escultura primitiva, e, a um lado, vê-se a suposta biblioteca, um lote de pedras lisas e finas, cortadas simetricamente. A tradição popular diz que essas pedras continham escrituras, apagadas pelo longo espaço de dois milênios. A largura exterior das muralhas das duas salas mede 45 metros; o comprimento da grande muralha lateral é de 150 metros, parece, então, um "Palácio do Governo" de dimensões colossais.

As outras quatro "cidades" que rodeiam o castelo no Sul mostram o mesmo sistema e a mesma aparência das primeiras. São largas aglomerações de rochedos de três a

Pedra da Tartaruga (sexta cidade), Sete Cidades, Piauí.

cinco metros de altura, que cercam pequenas praças e planícies. A "Sétima Cidade" tem aspecto muito lindo; suas muralhas sobem, numa curta distancia, a Serra Negra, e rodeiam, num semi círculo, um campo fértil, com tanques subterrâneos e água perene. As Sete Cidades são encostadas à Serra Negra, que se levanta a 120 metros do nível da planície. Da altura dessa serra o visitante divisa esse imenso campo de pedras e rochedos. Primeiro parece ser tudo um vasto deserto petrificado mas, pouco em pouco, tudo ganha vida. A fortaleza parece ocupada por centenas de soldados; o alto castelo aparece na sua posição soberana; avistam-se bem as circunferências das sete grandes aglomerações e, nas ruas e praças das cidades, dá-se o intensivo movimento de habitantes. Hoje tudo isso é ilusão. As Sete Cidades abrangem uma área de 20 quilômetros quadrados, mas agora não mora lá ninguém; nem animais aparecem para se fartarem nos seus férteis campos. Antigamente não acontecia assim.[1]

A descrição dada nas precedentes linhas (desenhos do autor) foi escrita depois de uma visita que o autor fez às Sete Cidades, em companhia de cultos amigos.

[1] A descrição que faz aqui o autor, das Sete Cidades, não difere da de centenas de outros que visitam aquela região. O Conselheiro Tristão de Alencar Araripe, na *Memória* lida perante o Instituto Histórico e Geográfico Brasileiro, em 9 de dezembro de 1886, transcreve o artigo publicado pelo sr. Jacome Avelmo, na *Constituição do Ceará*, sob o título — Cidade petrificada no Piauí, a qual fica ao sul da cidade de Piracuruca, em uma extensa planície, onde se demorou três dias, tendo visto pedras que se assemelham a peças de artilharia, algumas delas em forma de muralhas, torres e casas, havendo também sete praças, donde vem o nome de Sete Cidades. (N. do Apresentador)

Pedra da Tartaruga (sexta cidade), Sete Cidades, Piauí.

Ninguém, salvo quem venha com o intuito e o propósito de negar tudo, poderá subtrair-se a uma impressão profunda, provocada pela grandiosidade desse cenário maravilhoso, que deixa passar perante nossos olhos mil pensamentos sobre os mistérios da natureza e da história do gênero humano. Saímos todos entusiasmados e convictos de que passamos alguns dias num lugar incomparável e consagrado pela alma brasileira.

Fica o mister de examinar tudo pela lente clara do historiador. Lembremo-nos de que os documentos, escritos em latim, a respeito da *insula septem civitatum*, recuam até 700 anos d.C. Alquile, arcebispo de Porto Cale, recebera as informações sobre a existência dessa "ilha" da parte de navegadores que tinham esses conhecimentos há muito tempo. Foram os navegadores árabes que contaram da existência da grande ilha Cipango ou Sipanga e os navegadores do Mediterrâneo disseram que esse nome significava "ilha das sete civitates ou sete cidades". Marco Polo declarou que Sipanga era o Japão, mas suas próprias medidas geográficas indicam América do Sul e os japoneses declaram que sua pátria nunca teve esse nome.

Toscanelli, que nada sabia das antigas navegações dos fenícios ao redor do Brasil, nem tinha conhecimento das descobertas de Fernando Telles, escreveu ao rei Afonso V (em 1475) que Sipanga era uma grande ilha, ao sul das Antilhas, quer dizer: o Brasil mesmo. Toscanelli confundiu

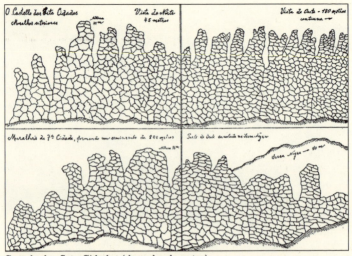
Castelo das Sete Cidades (desenho do autor).

a "ilha das Sete Cidades" com a "grande Ilha Antilha"; mas isso não tem importância. O ponto essencial é que, muitos séculos antes das viagens de Colombo e Cabral, a existência das "grandes ilhas" Sipanga e das Sete Cidades era conhecida, na Europa, e que os geógrafos as colocaram no espaço ocupado pelo continente sul-americano.

Encontramos no Brasil centenas de nomes geográficos, conservados piedosamente, sem qualquer alteração, há 2500 anos; como podemos estranhar que o nome Sipanga no sentido de "país das sete almas do povo, ou dos sete povos, ou das sete cidades" tenha ficado conservado até os tempos modernos? Os europeus encontraram no interior do Brasil centenas de pajés que se chamavam ainda "piagas". Eram homens instruídos e de grande moralidade. Os padres os chamaram de "feiticeiros", mas o povo sempre respeitava a perícia e sagacidade desses homens, que eram sacerdotes populares, que dirigiam as festas nacionais, assistiam aos sacrifícios e cortaram com seu "pageú" os animais ou prisioneiros imolados, eram médicos e farmacêuticos que conheciam todas as plantas medicinais e sua aplicação, eram juízes de paz, ajustavam os acordos entre os partidos litigantes e ensinaram a seus discípulos a língua nhenhen-gatu, as crenças religiosas e a astronomia rudimentar. Esses piagas guardaram as tradições nacionais e conservaram a língua tupi até a chegada dos europeus. Os padres, que tiraram seus

Anta 1 do Alcogulo. Sepultura magalítica, região de Castelo de Vide, Portugal. Sitio arqueológico identificado por F. A. Pereira da Costa.

conhecimentos sobre a formação gramatical da língua tupi das explicações desses supostos feiticeiros, evitaram timidamente confirmar esse fato.

A chave para compreender a fundação e significação das "Sete Cidades", dá-nos o antigo nome de Piauhy, que era "Piagui". Nos documentos históricos que juntou F. A. Pereira da Costa na sua excelente *Cronologia*, encontramos as formas: Piagui, Piaguhy, Piagoy e Piagohi, mas nunca Piauhy, que apareceu pela primeira vez em 1739. Somente nos primeiros séculos do Império foi adotada, como nome oficial da província, a grafia Piauhy, e ignorantes explicaram esse nome como "rio de peixe piau".

Piagui não pode ter outro significado do que "casa, respectivamente terra dos piagas"; a terminação "i", na língua tupi, indica o "locativo", como em latim, no grego e nas línguas pelasgas. As letras "i" e "y" significam no tupi "água" ou "riacho", na posição de prefixo, como em igara, igarapé, ipiranga, icatu etc. Existem exceções dessa regra; mas "Piagui" não é uma tal. A história do grande "Car-Nutum" da Ordem dos Druidas, na antiga Gália, "Canudo", na língua brasílica, explica bem o sistema de fundação de centros religiosos e nacionais pelas antigas ordens. Júlio César, o escravizador da nação gaulesa a inimigo dos druidas, narra no 6º livro de seus comentários e organização daquela ordem. Carnutum foi escolhido como lugar central de toda Gália e o estabelecimento da ordem era cercado por vastas florestas e bosques sagrados. Os membros da ordem eram divididos em três graus. Como discípulos e adeptos somente foram aceitos filhos de boas famílias, que estudaram as ciências da ordem durante muito tempo, até 20 anos. Todas as 80 tribos da nação gaulesa pagaram um tributo para a manutenção da ordem. O grão-mestre foi eleito como vitalício, pelos membros do 2° grau, e sendo empossado na sua dignidade, o alto chefe (sumer) não pôde mais sair de Carnutum, para não ser envolvido nas questões políticas. Mil anos depois adotou a igreja católica o mesmo sistema.

As festas nacionais dos gauleses foram celebradas também em Carnutum. Mas, com o correr dos séculos, quando o confluxo dos populares cresceu a centenas de milhares, achou a ordem conveniente fundar mais um centro popular, onde se podia organizar grandes feiras, ludos ginásticos e outras festas. Para esse fim foi escolhida a planície de Karnac, na Bretanha, onde se admira ainda hoje inumeráveis mesas religiosas de pedras, chamadas dólmens.

No norte do Brasil, onde foi primeiro organizado o domínio colonial dos cários, escolheram os piagas o campo das Sete Cidades para ser a sede da Ordem e o centro nacional para as populações imigrantes. Deviam fundar para esse fim uma grande cidade, mas a Natureza — na sua crença, Tupã mesmo — já construíra essa cidade, com um esplendor e uma grandeza tal que o trabalho humano não poderia criar uma obra igual. Assim podemos compreender como o grande castelo do meio e as centenas de altos muros e rochedos fantásticos foram aproveitados para formarem uma cidade sagrada, onde podia reunir-se o congresso nacional.

Tais reuniões foram a base duma nação. Os gregos constituíram a unidade da nação helênica pelos ludos olímpicos, que eram celebrados em intervalos de quatro anos. Olímpia foi uma aldeia no interior de uma estreita planície. Mas quando chegaram as delegações e os populares de todos os cantões e das colônias, espalhadas sobre todos os países, desde o mar Negro até as Colunas de Hércules, constituiu-se naquela pequena planície o alto Congresso da Nação, do qual fizeram parte os chefes

Índios tupinambás.

políticos, os escritores, os artistas de música e canto, os escultores e poetas, os cavaleiros e atletas, os ginastas e esgrimistas e muitos milhares de populares.

Todos os fortes e democratas povos da antiguidade, como nos tempos modernos, tinham seus congressos nacionais, os quais só o despotismo detesta. No tempo do Império Romano, também, os congressos nacionais foram proibidos.

Os tupis foram uma nação democrata, como todos os povos pelasgos. O costume de celebrar congressos nacionais existe ainda hoje em todas as partes do interior do Norte e Nordeste do Brasil. Os tupinambás do Maranhão conservam até hoje o seu congresso de Mulungu, que reúne anualmente 10.000 ou mais pessoas, vindas de todas as regiões do Maranhão, de Goiás, do Pará e do Amazonas, onde os tupinambás tinham colônias desde a antiguidade. Joazeiro, do Araripe, foi o centro nacional dos cariris, desde 2000 anos. A veneranda figura do padre Cícero representa, há 30 anos, a união dos dois cargos nacionais, do sumé como supremo sacerdote, e do morubixaba como governador vitalício. Mesmo na grande festa do Pará, no "Círio", conservam-se muitos traços e costumes da antiquíssima romaria, em honra da deusa Ísis, de onde vem o nome "Isírio", hoje modificado para Círio.

O congresso do Piagui perdeu sua antiga celebridade, provavelmente devido à decadência da ordem dos piagas. Os membros, formados na sede central, estabeleceram novas escolas, chamadas "canudos", e a imensidão do território brasileiro dificultou as comunicações contínuas com Piagui. Também surgiram rivalidades entre diversas

Família de cacique camacan se preparando para uma festa.

tribos. Os três povos predominantes, os tabajaras, os potiguares e os tupinambás, ambicionaram, cada um, a chefia sobre todos os povos tupis e seus afiliados, o que provocou guerras de longa duração. Os tupinambás estabeleceram colônias em Goiás e na Amazônia para dominarem, mas reclamaram para si também a zona do rio São Francisco, com a "Grande Lagoa". Ligaram-se, ali, às tribos tapuias, de modo que, à chegada dos portugueses, todas as tribos indígenas da Bahia chamavam-se tupinambás, apesar de mostrar os tipos e traços de tapuias.

Um outro motivo para o abandono de Piagui foi a circunstância de serem descobertas as ricas minas de prata e salitre na Bahia e as de ouro e salitre em Minas Gerais e Mato Grosso. Os engenheiros egípcios, contratados pelos fenícios, construíram as longas estradas de penetração, saindo da costa oriental, no rumo de Sudoeste. Por isso o ponto de gravitação, no trabalho colonial, foi transferido do Norte para o Sul do país.

Mas a lembrança do maravilhoso Piagui, com suas sete cidades de pedras, ficou sempre viva e latente na alma do povo, fomentada pelas tradições dos piagas, que nunca esqueceram o antigo berço da sua organização nacional e intelectual.

Capítulo 6

O RIO PARNAÍBA, A DISTRIBUIÇÃO DOS TUPIS E A GRANDE LAGOA

Falamos sobre o delta do Parnaíba e a zona do litoral do Piauí; falaremos agora sobre o rio Parnaíba, propriamente dito, e seus afluentes.

O território dos tabajaras abrangia a parte setentrional do atual estado do Piauí, limitado ao norte pela costa, a oeste pelo rio Parnaíba, ao sul pelo rio Poti e a leste pela serra de Ibiapaba, quer dizer, pela linha do alto barranco dessa serra. Este se estende desde a costa, quase em linha reta, para o sul, no comprimento de 400 quilômetros, de maneira que a serra fica ligada, geograficamente, à planície do Parnaíba. As Sete Cidades, chamadas antigamente Piagui, formam quase o centro desse território e, conforme o sistema usado no Brasil, como também em outros países, foi dado à região o nome do lugar mais importante. Assim, o "Piauí pré-histórico" tinha uma área muito diferente daquela do estado atual.

O território além do rio Poti era ocupado pelos potiguares; mas seria mais exato dizer que aqueles imigrantes pelasgo-cários, que se domiciliaram ao sul do rio Poti, chamaram-se potiguares, isto é, Senhores de Poti. Eles estenderam suas sedes, nos séculos seguintes, no rumo do Leste, até o Rio Grande do Norte, e no rumo de Sudoeste, até Pernambuco. Os imigrantes que se colocaram no Ceará, nas serras de Muruoca, Maranguape e Baturité, e aqueles que tomaram posse da grande chapada de Araripe, ficaram com os nomes caris e cariris e estenderam suas sedes, mais tarde, até às grandes serras da Paraíba.

Os guegués contentaram-se com o lado oriental do rio, hoje chamado Piauí, embora o lado ocidental do mesmo rio fosse ocupado pelos tupinambás, que reclamaram um livre acesso para a "Grande Lagoa".

O sul do Maranhão pertenceu antigamente a Goiás,

isto é, à "Terra dos Goim". A palavra goi, no plural goim, é de origem fenício-pelasga e significa "gente não civilizada". A língua hebraica, que é derivada e corrompida do fenício, usa a mesma palavra. Os hebraicos chamam hoje ainda qualquer pessoa que não seja, conforme sua opinião, tão culta e polida como os judeus, de "goi", no plural "goim". — Interpolemos aqui a nota de que da antiga língua pelasgo-fenícia existem ainda quatro línguas derivadas: 1° - O tupi, o nhenhen-gatu do Brasil; 2° - O hebraico, a língua nacional e religiosa dos judeus de todos os países; 3° - O cuskara, ou língua nacional dos bascos dos Pirineus; 4° - O albanês, a língua dos antigos guegues na península Balcânica.

Os imigrantes que ocuparam o sudoeste do Piauí, o sul do Maranhão e o norte do estado de Goiás, chamaram-se goia-jaras, que significa "senhores da terra dos Goim". Os chamados "índios brancos" do alto Gurupi e do Rio do Sono, ao sul de Carolina, são descendentes diretos daqueles imigrantes, que chegaram do Mediterrâneo nos navios dos fenícios. Isso não exclui o fato de que naquela região vivam hoje também milhares de descendentes dos goia-jaras, que são brancos e "bem civilizados" brasileiros.

O padre José Moraes, que escreveu, há 180 anos, a história dos Jesuítas que trabalharam na Ibiapaba, no Maranhão e na Amazônia, narra que os tabajaras declararam aos primeiros padres portugueses que eles mesmos eram os habitantes mais antigos do Norte do Brasil e tinham sempre residido nas terras do Baixo Parnaíba e na Ibiapaba. Tal asserção confirma nossa tese de que a primeira imigração dos cários foi através do delta do Parnaíba. O fato de que o Brasil já foi habitado por inumeráveis tribos tapuias não influiu no pensamento histórico daquele tempo. Além disso, contaram os tabajaras que o rio Parnaíba, o qual eles denominaram, no seu curso inferior, Pará do Piagui e no seu curso superior Pará dos tapuias, tinha sua origem numa grande lagoa *Upá Assu*, onde existiriam as minas de prata e de diamantes.

O cronista Gabriel Soares, que fez em 1587 uma viagem pelas costas do Norte do Brasil, relatou que os tremembés de Tutóia chamaram o rio Parnaíba de Paraó ou Paragua-assu, e falaram também da "Grande Lagoa", de onde vinha o rio. O nome Parnaíba foi dado ao rio, como opina com muito critério F. A. Pereira da Costa, pelo povoador Domingos Jorge (Velho), que nasceu num povoado chamado Parnaíba de São Paulo. Este, achando que o grande rio do Piauí não tinha um nome certo, deu a ele o nome da sua terra natal, conservando assim a primeira parte do nome antigo e completando-o com o nome daquela localidade paulista.

Por este motivo, a historiografia piauiense não precisa indagar se Parnaíba significa "Paraná ruim" ou "Paraná de terra boa". Mas, a mesma questão aparece nas duas Paraíbas do Norte e do Sul, e em outros lugares desse nome. Para o geógrafo seria inepto chamar um rio com um curso navegável de quase mil quilômetros, que é uma longa estrada de penetração e de movimento econômico, de "um rio ruim". Na língua primitiva, também na língua tupi, as palavras *iba, yba, hyba, uba, uva, huba* e *huva* têm o significado de "terra boa ou fruta boa"; mas *huba* e *hyba* podem também significar "o trabalho pesado de agricultura", o qual parece ser, para muita gente, um "trabalho ruim".

A baía de Todos os Santos foi minuciosamente descrita por Gabriel Soares de Souza.

* * *

Gabriel Soares conheceu a história da "Upá Assu" (a Grande Lagoa), já na Bahia e Sergipe, onde os indígenas contaram que no interior, através de altas serras, existia uma lagoa duma extensão enorme, onde se achavam as grandes minas de prata. Daquela lagoa saíam para leste dois rios, de nomes "Reala" e "Opala", o último chamado hoje São Francisco. O cronista mesmo não procurou a afamada lagoa e não pôde saber se ela existia na realidade, mas ouvindo que, também o rio Parnaíba era um defluente dessa lagoa, não duvidou mais da existência da mesma. Por esse motivo apareceu em diversos mapas do Brasil, desenhados e publicados nos séculos XVII e XVIII, um grande mar interno, que ocupava o vale do curso médio do rio São Francisco.

O general sergipano Ivo do Prado, apresentou ao Congresso Geográfico de Belo Horizonte, em 1919, sobre o "Rio Real" e sobre as controvérsias de limite entre Sergipe e Bahia, uma longa *Memória*, na qual ele apurou a questão da Grande Lagoa. Provou, incontestavelmente, que essa lagoa se estendeu desde a cachoeira de Paulo Afonso, até Remanso, com uma largura média de 200 quilômetros. Da lagoa saíam dois rios para o leste e um para o norte; mas finalmente recebeu a lagoa pela grande cachoeira uma saída permanente, de maneira que a maior parte dos pântanos e lagos que formavam a "Upá Assu" secou, e ficou somente o leito do São Francisco.

O autor, que visitou e examinou minuciosamente aquela cachoeira, que traz o nome curioso dum tal Paulo Afonso, encontrou ali uma obra grandiosa de antigos engenheiros, do sistema de Kar-tum ("Obra de Car") do Egito, pelo qual foram derivadas as águas das vastas lagoa da Núbia, com o fim de formarem o majestoso rio Nilo e transformarem os pântanos da Núbia em boa terra de agricultura. O "Kartum brasileiro" é construído por cinco canais simétricos, que despejam suas águas separadamente na mesma cavidade larga, quadrangular, de 50 metros de profundidade, cortada na pedra viva.

Essa queda de água, que deixou para o moderno Brasil uma fonte incalculável de energia mecânica, criou a admirável obra irrigatória do vale Opalino, quer dizer, do Baixo São Francisco, o qual foi chamado por um engenheiro inglês, com muita razão, o "Egito brasileiro". Essa antiga obra secou a bacia pantanosa da "Grande Lagoa", fechou com o correr do tempo a saída das águas pelo "Rio Real", o qual desapareceu, apesar da procura dos comissários dos limites sergipanos-baianos, e prejudicou também o rio Parnaíba, na sua qualidade de grande veia comunicatória entre o Norte e o Centro do Brasil.

Examinando o mapa do Brasil e tirando uma linha da cidade de Remanso para o norte, no rumo de São João do Piauí, nota-se bem uma faixa, como um corte entre as serras, que fazem o limite entre o Piauí e seus vizinhos Pernambuco e Bahia. Esse corte dava antigamente saída às águas da Grande Lagoa para o norte. De lá formou-se, quase em linha reta sul-norte, o leito do rio Piauí. Não influi a circunstância de que o braço vindo de São Raimundo Nonato chamem-se hoje as nascentes do rio Piauí. Enquanto existia a lagoa, o braço, vindo do sul era o rio principal, e o braço de São Raimundo Nonato era afluente. No ponto de união dos dois braços começou a navegação fluvial de carga pesada, e foi fundada ali uma filial da Ordem, com o mesmo nome Piagui, que se transferiu também ao rio. Depois da secagem da lagoa ficou o braço de São Raimundo Nonato com a maior quantidade de água e, por isso, chamaram os modernos geógrafos a esse braço de "Alto Piauí". Uma outra filial da Ordem, com o mesmo nome Piagui, era fundada num lugar gigantesco à margem de um lago e de um afluente do Baixo São Francisco, no estado de Alagoas. Ali também foi transferido ao rio o nome do povoado, cujo nome os geógrafos luso-brasileiros escreveram também com a ortografia do peixe Piau.

A respeito da Grande Lagoa, devemos ainda repetir que esta não era um mar interno, como o mar Negro ou mar Cáspio. Era uma vasta região com pântanos e lagos, que enchiam no inverno, inundando tudo. Mas nessa região existem dúzias de serras com alturas de até 300 metros acima do nível do mar. Tais serras formaram as amplas ilhas, dentro da lagoa, e foi onde acharam, na opinião dos indígenas, os grandes depósitos de prata e pedras preciosas. Quanto ao rio Parnaíba, devemos supor que no tempo da cheia da lagoa os dois braços do rio, que se unem acima de Amarante, tinham suas quantidades de águas quase iguais, ou o braço da lagoa era superior. O braço de Goiás, isto é, o Alto Parnaíba de Amarante para cima teve o nome "Paraná dos Tapuias". O rio unido recebeu, indubitavelmente, pelos navegantes antigos, o nome de "Paraná ou *Pará assu*". A respeito do nome do braço da lagoa, recebeu o autor, de um morador de São Raimundo Nonato, a informação de que ele tinha ouvido, na sua infância, chamarem de "Upanema" o braço de São João do Piauí. Existe no Rio Grande do Norte um rio com esse nome, é um afluente do rio Mossoró, e seu nome foi tirado de uma lagoa que ele forma. Se o rio Piauí tivesse tido, no seu curso superior, o mesmo nome de "Upanema", seria isso mais uma prova de que o rio Parnaíba tinha, na antiguidade, ligação com a "Grande Lagoa". No tocante ao nome "Upá assu", é interessante notar que na antiga Itália, no tempo dos pelasgos, as lagoas pontinas foram chamadas de "Ufá", e os rios que ligavam essas lagoas eram chamados "Ufaente".

* * *

Mas agora perguntarão, meus doutíssimos críticos: em que tempo se deu tudo isso? Baseando-me nas explicações históricas, dadas nos capítulos precedentes, não será difícil responder a essa pergunta. Tróia foi destruída em 1184 a.C. e nos decênios seguintes começou a emigração dos povos cários dos territórios ocupados pelos gregos. A primeira frota dos fenícios chegou às costas do Brasil antes de 1100 a.C. Tutoia foi fundada pelos fenícios e descendentes de Tróia, cerca de 1080 a.C. A colonização das paragens do Baixo Parnaíba e da serra Ibiapaba começou cerca de 1050 a.C. A subida do rio Parnaíba, em ambos os seus braços, até Goiás e até a Grande Lagoa, realizou-se nos seguintes decênios, de modo que, em 1000 a.C., já estava iniciada a exploração das minas, em redor da Lagoa, bem como da serra dos Dois Irmãos, onde existem mais de cem furnas e grutas da antiga mineração. Podemos bem compreender que, naquele tempo, o movimento fluvial do Parnaíba já era muito intensivo e essa navegação estava ligada, no inverno, com a navegação da Grande Lagoa.

Essa época do florescimento econômico do Piauí abrangeu cerca de quatro séculos. Afora as empresas de cobre e salitre da Ibiapaba, estabeleceram-se as extensas lavagens de ouro fino na região das "Barras", as quais são os restos dos antigos açudes, construídos pelas empresas de ouro, ao longo do rio Longá. Da região de Valença, onde existem as afamadas grutas compridas, foram tiradas grandes quantidades de chumbo, prata e, principalmente, salitre. No lado ocidental do Parnaíba, perto de Floriano, existe uma gruta com muitas salas e longos corredores, de onde saem vapores sulfurosos. Os moradores chamam a essa gruta "Boca do Inferno" e, na antiguidade, levaram os mineiros dali cargas pesadas de enxofre. Progredindo mais para o sul, o investigador encontrará, quase em cada serra, buracos, furnas e grutas, com vestígios da antiga mineração, que foram trabalhos de experiência ou de exploração efetiva. O centro das minas argentíferas do Piauí está provavelmente na serra do Sumidouro, assim denominada devido aos numerosos subterrâneos que deixaram ali os antigos exploradores.

Naquela época floresceu Piagui, como sede da Ordem e centro nacional de todas as tribos tupis do Norte. Tutóia era o grande empório para a exportação de minérios, drogas e madeiras finas. Encontramos também em ambas as margens do rio Parnaíba restos de uma antiga irrigação, no sistema dos trabalhos irrigatórios do Nilo. São canais artificiais que ligam o rio a lagos, formados pelas águas da enchente. No Baixo São Francisco conservou-se até hoje aquela grande obra egípcia; mas também o vale do Parnaíba possui ainda muitos restos valorosos daquele antigo trabalho, os quais devem ser aproveitados na época atual.

Calculando a época da primeira colonização do Piauí em quatro séculos, chegamos ao ano 600 a.C., quando começou o trabalho do "Kartum brasileiro", na grande cachoeira, isto é, 2400 anos antes de que andasse ali o suposto descobridor Paulo Afonso. Foi um outro escritor sergipano, Justiniano Melo, quem escreveu um volumoso livro[1] sobre as origens da civilização humana, provando que o "Kartum egípcio" representa um dos maiores pilares do grande edifício civilizador da humanidade. O grandioso plano de cortar quatro extensos e altos muros de rochedos, para criar uma passagem funda e permanente das águas, que inundaram um vasto país e formaram mil lagos e pântanos, só pode ser o resultado do pensamento de um dos primeiros benfeitores do gênero humano. Que força de vontade, quanta energia física e moral foram necessários para executar tão gigantesco projeto! O efeito premeditado foi duplo: Núbia ganhou largas planícies de agricultura, cujas riquezas podemos avaliar pelos suntuosos templos, palácios e enormes muros das cidades núbias, que foram escavadas no século passado. A água derivada formou o largo vale do Nilo, que era antes apenas um estreito rio que secava no verão e se perdia na areia tórrida do deserto.

Justiniano Melo foi um vidente. Era filho daquela

---

1 *Nova Luz Sobre o Passado*, Imprensa Nacional, Rio de Janeiro, 1906. Um exemplar dessa obra rara faz parte do acervo da **EDITORA DO CONHECIMENTO**.

Antiga História do Brasil - de 1100 a.C. a 1500 d.C.

região, cuja vida e riqueza são o produto da cachoeira. Nas veias desse sergipano corriam ainda algumas gotas de sangue do seu centavô, que foi um dos colonizadores da cachoeira. O cérebro também herdou do seu progenitor algumas partículas daquela força emanatória e translatória que a moderna química chama de "radium". Assim ele estudou durante 25 anos o problema do Nilo, procurou todas as obras da antiguidade e do tempo moderno sobre Egito, Núbia e as cataratas do Nilo e, finalmente, encontrou a grande verdade: "Kartum foi o portão pelo qual entrou a luz da civilização!"

Nenhum dos teólogos, nenhum dos historiadores e geógrafos pôde dar até agora uma resposta à pergunta de onde chegaram os egípcios e qual foi a origem da grande civilização do vale do Nilo. Justiniano Melo, o desconhecido pensador e filho do "Egito brasileiro" nos deu a chave desse problema científico. Ele provou que foi um povo de caráter altivo e muito talentoso, que morava na Núbia e organizou ali um centro de trabalho produtivo, abriu as cataratas do Nilo e ocupou gradualmente o vale formado e banhado pelo novo e crescente rio. O pensamento inteiro desse povo era ligado a um fato, o qual Heródoto, depois de uma viagem através desse país, concretizou na frase: *Aegyptos dorón esti tou Nilo* (O Egito é uma dádiva do Nilo). A primeira ciência dos egípcios era cuidar que o funcionamento das cataratas sempre continuasse normalmente, sem enchentes desastrosas e sem secas perniciosas. O faraó Ramsés I mandou construir, dentro da zona das cataratas, a cidade de Kartum (Obra de Car), onde foi estabelecida uma escola de engenharia hidráulica. Desse instituto saíram os grandes mestres, que inspecionavam continuamente o curso das águas acima das cataratas e do rio, com todos os seus canais, até o Delta.

Alguns desses engenheiros e mestres chegaram, contratados pelos fenícios, ao Brasil, para dirigirem o trabalho de mineração, nas serras que cercavam a Grande Lagoa. Quem pode estranhar que esses homens, viajando nessa Lagoa e compreendendo suas condições geográficas, logo pensassem na possibilidade de derivar essas massas de água presa e estagnante? Assim, surgiu o plano de cortar, naquele ponto, onde, no tempo da cheia, derramavam as águas do São Francisco, uma passagem funda e uma saída permanente das águas da Lagoa.

O Brasil lucrou enormemente com esse trabalho. O vale inferior do rio Opala tornou-se um celeiro mundial; o vale superior do rio, acima da cachoeira, ficou um "Éden" para uma nova população numerosa, e as estradas de penetração para o interior de Minas Gerais, Goiás e Mato Grosso se abriram. Onde existe, no moderno Brasil, uma obra que possa ser comparada com essa obra grandiosa dos primeiros colonizadores do Brasil?

Seja permitido ao autor intercalar, neste ponto, uma curta digressão sobre a primazia civilizatória dos egípcios. O grão-mestre da historiografia piauiense, dr. Higino Cunha, a denomina "o rochedo de bronze" da história universal; Justiniano Melo contribuiu para essa teoria com um fundamento inteiramente novo. Os assiriólogos provam que a civilização da Caldéia, a fundação da Ordem dos Magos e a construção das primeiras pirâmides no vale do Eufrates recuam a uma época que era quase 1000 anos mais antiga do que o começo da civilização egípcia. A nova teosofia, que possui muitos mestres e adeptos no Brasil, proclama a desmoronada Atlântida como berço da civilização humana.

Todas essas três teorias contêm uma verdade. Mas todas as verdades são relativas. O historiador imparcial procurará um ponto intermediário. Aquele povo da Núbia era de raça negra e africana, os egípcios eram bronzeados, com rosto fino, de tupi europeu, seus cabelos pretos eram lisos. Esse povo chegara do Império dos Ashantis, que se estendia da costa ocidental da África até o lago de Chade. Desse lago se desliga um rio que se une com o sistema fluvial da Núbia, respectivamente do Alto Nilo. Esse rio foi a estrada da qual migrou aquela parte dos Ashantis para Núbia. Mas quem fundou o Império dos Ashantis, do qual foram encontradas largas ruínas de cidades, no meio de populações negras de baixo grau de cultura? Foram sobreviventes e emigrados da Atlântida, é o que devemos deduzir de notícias dadas pelo próprio Diodoro. Essa marcha da civilização, bem indicada e marcada pelos documentos de cidades construídas, andou da Atlântida à Senegâmbia, de lá ao lago de Chade à Núbia, e daqui, pelas cataratas do Nilo, para o Egito. Isso se deu no espaço de 4000 a 3000 anos antes de Cristo.

Antiga História do Brasil - de 1100 a.C. a 1500 d.C.

Mas, ao mesmo tempo trabalharam os obreiros da civilização, independentemente da Atlântida, no vale de Eufrates, formando o primeiro Estado organizado, na Caldéia, e construindo os alicerces da religião e das ciências humanísticas pela organização da Ordem dos Magos. Essa sociedade que se tornou modelo e protótipo de todas as religiões, sucessivamente para todos os países do Oriente e do Ocidente, do Norte e do Sul. No vale do Nilo encontraram os iniciados da Ordem os enérgicos e infatigáveis descendentes da Atlântida, e a união das forças físicas e intelectuais deste elemento, com as forças morais e instrutivas dos mestres da Caldéia, formou a civilização egípcia.

Na evolução humana não existe a primazia de um só povo. Todos foram e todos nós somos obreiros da mesma grande obra, à qual contribui cada um, conforme sua própria energia.

* * *

No sul do Piauí existem dois pontos de grande importância histórica, na estrada que sai da povoação Canto do Buriti para São Raimundo Nonato, à distância de 15 quilômetros da sede do município. No lugar chamado Pinga, está uma casa de pedras, com aspecto de uma capela ou de antigo templo. Essa casa, a que os moradores chamam "Igrejinha", foi construída no mesmo sistema como todas as casas de pedras da grande estrada de penetração que saiu do litoral do Rio Grande do Norte, no rumo do sudoeste. Nas paredes interiores da "Igrejinha" enxergam-se ainda vestígios de inscrições e pintura e, no espaço interior cabem pelo menos cinquenta pessoas com sua bagagem. A outra casa de pedras acha-se na distância de 22 quilômetros de São Raimundo para sul-sudoeste, numa fazenda chamada "Serra Nova". Esta casa é um pouco menor; mas sempre cabem vinte pessoas com cavalos. O sistema de construção é o mesmo e os letreiros nas paredes interiores estão bem conservados. Examinando o mapa do Brasil, repara-se logo que essas duas casas de pedras estão na mesma longa linha do cabo de São Roque ao sudoeste e foram indubitavelmente estações da grande estrada. A distância de 35 quilômetros, entre as duas estações, marca a viagem de um dia, andando com comboio de portadores de carga. Cada estação dessa estrada era provida de água potável e perene, seja por poços artificiais, seja por um poço duma cachoeira ou por um riacho que não secava no verão. Não seria difícil encontrar mais algumas estações, na mesma linha do sul do Piauí.

Essa estrada dá-nos a prova de que o monopólio piauiense de alcançar a Grande Lagoa e o centro do Brasil, pela subida do rio Parnaíba, não durou muitos séculos. A estrada terrestre abriu outras regiões com largas possibilidades de lucro. Devemos também considerar que a colonização fenícia não foi uma empresa estatal. A Fenícia era uma república composta de pequenos reinados e cidades livres. Tinha sempre ela uma metrópole, quer dizer, uma cidade poderosa, que ocupava a presidência. Mas os assuntos da colonização e do comércio marítimo pertenciam às empresas particulares. Cada cidade tinha seus capitalistas e possuidores de caravelas. Estes se associavam para iniciar novas empresas e entendiam-se com as sociedades coloniais das outras cidades. O segredo do grande sucesso dos fenícios foi a disciplina usada no seu pensamento e em todas as suas ações. Cada colônia tinha feitorias das sociedades e cidades pátrias. Essas eram bem separadas e cada uma respeitava os direitos e empresas da outra. Ninguém pensava em fazer concorrência perniciosa ao outro, ou tentava apoderar-se do produto do trabalho do vizinho. Por isso, encontramos em muitos lugares diversas empresas da mesma categoria, trabalhando com toda harmonia, uma ao lado da outra. As lavagens de ouro fino, nas barras do Longá, foram empresas associadas. A extração do salitre (para os embalsamadores egípcios) foi dividida entre dúzias de empresas, nas grutas de Valença, como nas grutas e túneis da Ibiapaba. Na Bahia existem, na região do rio Salitre, mais de 50 furnas, das quais as companhias fenícias tiravam cargas enormes de "nitinga", que era o nome tupi dado ao salitre fino e alvo. Todas as companhias eram independentes, mas obedeciam a um plano comum.

* * *

Não podemos concluir este capítulo sem tocar na questão de como os tupis denominaram os minérios e metais. Varnhagen, Couto Magalhães e outros historiadores declararam sem restrição: "os indígenas do Brasil não conheciam o uso dos metais antes da chegada dos europeus, e a língua tupi não possui vocábulos para os metais". Essa frase não atinge o problema da mineração. Teodoro Sampaio já explicou que o tupi possui nomes para os minérios, para diversos metais e para um grande número de minerais. Ouro é *itayuba* (pedra amarela); prata é *itatinga* (pedra branca); ferro é *ita-una* (pedra preta); aço é *ita-ité* (pedra dupla); estanho é *ita-jyca*; chumbo é *ita-membeca*; cobre é *ita-iqueza*; ouro falso (malacacheta ou outra mistura amarela) é *ita-yubarana*; cristais, diamantes e outras pedras preciosas foram chamados *ita-beraba* e *itatiberaba*. Além dessas palavras, existiam muitos outros nomes populares para diversos minerais. A furna de mineração foi chamada *ita-oka*.

Mas Teodoro Sampaio opina que esses nomes de metais e minérios seriam formados pelos padres ou pelos bandeirantes portugueses, para explicarem aos indígenas os diversos minérios. Essa opinião é insustentável, pelo motivo de que todos aqueles nomes existiam já antes da chegada dos europeus, como nomes geográficos, indicando a existência dos respectivos minérios.

O assunto não é difícil de compreender. Os fenícios procuraram ouro, que só existe em estado puro, e mais outros minérios para seus trabalhos de metalurgia, que não foram executados no Brasil, mas na sua terra pátria. No serviço da procura dos minérios trabalharam mestres e operários, emigrados ao Brasil dos países cários, mas a maioria não precisou aprender os nomes dos metais, usados pelos povos do Mediterrâneo. Por isso os mestres cários formaram aqueles nomes como "ita", que eram fáceis de ser compreendidos. Mas esses nomes conservaram-se na língua tupi e quando chegaram os europeus, foram os tupis que indicaram-lhes a existência e os nomes tupis dos minérios.

Capítulo 7

A POPULAÇÃO ATUAL DO PIAUÍ E SUA DESCENDÊNCIA

O autor apresenta agora a seguinte tese:

1º – No tempo da chegada dos europeus ao Brasil, antes da importação de escravos africanos, compunha-se a população indígena do Piauí e do Ceará de dois terços de descendentes de povos brancos e um terço de descendentes das antigas tribos tapuias, isto é, da raça parda.

2º – A imigração dos europeus e a importação de escravos pretos aos demais estados brasileiros foi relativamente diminuta, de modo que a população atual do interior do Piauí e do Ceará pode ser qualificada como tal, cuja maioria são descendentes da população que esteve aqui antes da chegada de Cabral.

3º – Os sinais característicos da raça branca aparecem na circunstância de que as crianças nascem com cor alva e cabelos claros, o que é a regra na população sertaneja dos mencionados estados.

* * *

A história luso-piauiense começa no ano de 1603, com as viagens de Pedro Coelho de Souza e dos padres Francisco Pinto e Luiz Figueira. Saíram estes de Pernambuco, com poucos soldados portugueses e um bom número de indígenas armados. Os padres tinham 60 indígenas cristãos, na maioria potiguares de Pernambuco e tupinambás da Bahia. Esses tupis conheciam as estradas que atravessaram, o Araripe, a Ibiapaba, o Piauí e o Maranhão até São Luís, onde existia o antigo centro nacional dos tupinambás. A morte trágica do padre Francisco Pinto foi, conforme todas as narrações de fonte jesuíta, uma consequência da irritação dos indígenas, provocados pelos atos de crueldade que tinham praticado os companheiros dos europeus de Pedro Coelho, enquanto todas as aldeias dos tabajaras, na serra de Ibiapaba, receberam os padres com respeito e simpatia.

Martim Soares Moreno fez sua viagem para o Maranhão pela costa, em 1631 e relatou que, com dois dias de viagem marítima, saindo de Camocim, com bom vento para o oeste, encontrou (quer dizer, no delta do Parnaíba) uma grande tribo de indígenas pacíficos, com os quais firmou paz, recebendo deles todo o auxílio de que precisava. Foram esses os tupis tremembés, sobre que escritores posteriores contaram histórias errôneas de selvageria. O nome era antigamente *taramambás*, uma variante de tupinambás. Na língua pelasga é "terra", a terra firme ao lado do mar. A mesma significação encontramos para "tara" na língua tupi. Pela lei do "Umlaut", foi mudado tara em tera, que os romanos escreveram com dois r (terra). Nos documentos piauienses encontramos três formas desse nome: *taramambás*, *teremembés* e *tremembés*. Para a filologia brasílica, essa variação é um ponto muito interessante. Essa tribo era da raça tupi, não da tapuia e teve uma grande aldeia na ilha do Cajueiro, cujos direitos foram reconhecidos por diversos decretos reais, publicados na excelente *Cronologia*, de F. A. Pereira da Costa. Os jesuítas organizaram ali uma missão, que foi muito concorrida. Os habitantes de Tutóia pertenciam à mesma tribo e a cidade de Parnaíba foi antigamente um arraial de tremembés.

Até 1622, nenhum súdito português tinha pedido uma sesmaria ou data de terras na parte setentrional do Piauí, quer dizer, no território entre o Poti e o litoral. No mesmo ano já possuíam os jesuítas, no norte do Brasil, entre Ibiapaba e o rio Tocantins, do Pará, 40 estações de evangelização para os indígenas. A Ibiapaba foi considerada, até meados do século XVIII, como uma província separada, com um "governador dos índios", ficando sob jurisdição de Pernambuco, depois do Ceará ou do Maranhão. O principal motivo dessa situação especial foi o desejo por parte dos jesuítas de obterem, nessa serra incomparável, um domínio privilegiado, e, no coração de cada filho da Ibiapaba, ficou até hoje um forte desejo pela "autonomia da Serra Grande". Em 1662 os jesuítas tinham, na Ibiapaba e no norte do Piauí, 12 aldeamentos de indígenas, todos de tupis, e todos esses deram os alicerces para futuras povoações e vilas. Então, naquele ano podia ser avaliada a população piauiense, entre o litoral e o rio Poti, em nenhum português e, pelo menos, 15.000 indígenas, que já tinham aldeamento com capelas católicas. Cem anos depois, em 1762, realizou-se o primeiro arrolamento da população da capitania, sobre cujos efeitos falaremos em lugar próprio.

Em 1662 foi iniciado o povoamento do sul do Piauí, como *hinterland*[1] de Pernambuco, com cartas de sesmaria, despachadas pelo governador geral ou pelo capitão-mor de Pernambuco. Apareceram os três afamados varões Domingos Jorge (Velho), Domingos Afonso Mafrense e o capitão-mor Francisco Dias de Ávila. O primeiro chegou de São Paulo, dum lugar chamado Parnaíba, com 5 homens brancos de sua família e 25 indígenas adultos. No espaço de 1662 e 1687 fundou ele, entre os rios Poti e Canindé, 50 fazendas de gado. Mas, em 1687 foi chamado pelo governador de Pernambuco, para auxiliar os portugueses na guerra dos Palmares. Partiu ele de Piancó "com todo o seu povo", como está escrito em diversos documentos. Foram os brancos e 1.300 indígenas armados com arcos; os brancos foram os membros da família de Jorge Velho e de seus auxiliares portugueses; estes levaram também suas mulheres e crianças, cerca de 80 ao todo. Os 1.300 indígenas eram só homens, que haviam deixado suas famílias no aldeamento das fazendas. Então representavam esses 1.300 homens uma população de, pelo menos, 5.000 almas, e nas 50 fazendas de Jorge Velho a população portuguesa representava 2% e a população indígena representava 98%.

Esses algarismos são altamente significativos e irretorquíveis. Domingos Jorge foi uma figura muito popular e sabia tratar bem os indígenas. Os arraiais que ele organizou tinham seus chefes nacionais; cada um possuía seu lote de terra e ele respeitava também os terrenos das outras aldeias, como narra Simão de Vasconcelos. Por esses motivos pôde ele organizar uma tropa de 1.300 indígenas armados que ficaram em Pernambuco durante três

---

1 A palavra tem origem na língua alemã, na qual literalmente significa a terra atrás (uma cidade, um porto ou similar). Em alemão, a palavra também descreve a parte de um país em que somente poucas pessoas vivem e a infraestrutura está subdesenvolvida.

anos. Quando voltaram ao Piauí, uma parte das fazendas estava ocupada por outros donos, surgindo daí as conhecidas controvérsias entre os sesmeiros pernambucanos e maranhenses.

Domingos Afonso Mafrense chegou da Bahia em 1665, mantendo ali estreitas relações com os meios eclesiásticos. Levava para o Piauí poucos portugueses e 30 tupinambás cristãos e, com esse pessoal, fundou 30 fazendas de gado ao sul e ao centro do Piauí. Naturalmente ele favoreceu muitos aldeamentos de indígenas com capelas. O mais conhecido foi o arraial de Cabrobó que foi, em 1676, transformado na povoação de Mocha e, vinte anos depois, elevada à categoria de vila e, em 1759, à de cidade, Oeiras, primeira capital do Piauí. Está assim constatado que a primeira cidade desta capitania teve sua origem de uma aldeia de tupis cristianizados. A mesma origem é historicamente provado para as vilas de Parnaguá, Santa Rita, Rio Preto, Campo Largo, Vila de Barras, Piracuruca, Valença, Jeromenha, Marvão, Gurguéia, Amarante e Parnaíba, além de muitas outras povoações menores.

O capitão-mor Francisco Dias de Ávila chegou de Pernambuco em 1674, com 40 potiguares e com a permissão de povoar as terras situadas na região do rio Gurguéia, onde já existiam três grandes aldeias da tribo dos guegués. Entrando em relações pacíficas com essas tribos, fundou mais outros arraiais, com população indígena, nas fazendas que organizou.

Da parte do Maranhão emigraram para o Piauí, de 1670 a 1821, no máximo mil portugueses adultos. Isso fica provado pela lista das cartas de sesmaria e das datas de terra, despachadas pelos governos do Pará, Maranhão e Piauí, cujo número foi inferior a 600. Além disso, foram despachados do Maranhão para o Piauí, depois da declaração da independência da capitania, 300 degredados portugueses, dos quais a maior parte recebeu datas de terra do governo do Piauí. Aqui se deve considerar que a metade de todos os portugueses que imigraram para o Piauí chegaram solteiros e casaram aqui, ou com filhas de portugueses, cujo número era muito reduzido, ou com filhas de indígenas. Por isso chegaram diversas cartas régias e portarias do governo de São Luís, declarando que o português que casasse com uma índia não perderia qualquer dos seus direitos como súdito do rei de Portugal.

O arrolamento geral da população da capitania do Piauí, realizado em 1762, deu 7 freguesias com 536 fazendas registradas e uma população de 8.102 livres (quer dizer, portugueses e indígenas), e 4.644 escravos de raça africana. A freguesia de Oeiras tinha 270 famílias com 1.130 almas, das quais eram 665 livres e 465 escravos. Além disso, pertenceram a Oeiras a aldeia de Jaicós, com 354 indígenas guegués, e a aldeia de São José de Sende, com 337 indígenas Acaroás. Foi o primeiro governador da capitania independente João Pereira Caldas, um homem, ocupadíssimo, que organizou todos os ramos administrativos, inclusive um regimento de cavalaria, com 10 companhias, cada uma com 60 praças. Seu trabalho principal foi a liquidação dos bens sequestrados dos jesuítas que possuíam, pelo testamento de Domingos Mafrense, 35 grandes fazendas registradas, cuja área total pode ser calculada em 100.000 quilômetros quadrados. O governador obteve bons resultados, mas, para fazer uma estatística exata da população, faltavam ainda os elementos necessários.

Os interesses municipais e particulares opunham-se a um recenseamento. O imposto das fazendas era pago conforme o número do gado. Por isso, cada proprietário diminuía a quantidade de reses e o número do seu pessoal. Os indígenas foram contados como "livres", conforme a lei de Dom José I. Por esse motivo os fazendeiros não incluíram os indígenas dos arraiais no número de pessoal das fazendas. Indicavam apenas o número dos escravos, também diminuído. Contudo, precisavam eles do auxílio e da proteção do governo, nos casos de fuga ou resistência dos escravos. As 35 fazendas sequestradas dos jesuítas tinham, todas elas, um ou mais aldeamento de indígenas mas, nas estatísticas, aparecem essas fazendas com apenas 470 escravos. As câmaras municipais diminuíram o número dos habitantes livres, por causa do alistamento para o regimento de cavalaria. O tesouro real só pagava um ordenado insignificante aos oficiais e os municípios deviam fornecer, à sua própria custa, os cavalos, as praças e alimentação destas. Naturalmente, nem os portugueses, nem os indígenas mostraram boa vontade de pertencer a esse regimento e, dez anos depois, ninguém mais falou dessa briosa cavalaria.

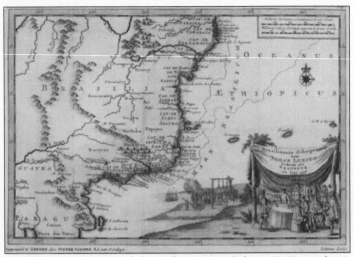

Braziliaanze Scheeepvaard door Johan Lerius Gedann vit Uraneryk in't Iaar, 1556, Pieter Van der Aa. *O Tesouro dos Mapas - A cartografia na formação do Brasil*, Instituto Cultural Banco Santos, 2002.

Tomando, para o ano de 1762, o número oficial da população, de 13.000 habitantes, podemos contar que esse número triplicou em seis decênios, de maneira que a população elevou-se a 40.000 habitantes em 1821. Mas o recenseamento de 1920 acusou uma população de 738.740 habitantes. Donde provém esse aumento? Da imigração européia nada chegou ao Piauí, nem ao Ceará. Entraram dezenas de comerciantes e artistas da Europa, mas não colonos, como no sul. Nas diversas épocas de secas migraram, ao Piauí, cearenses e contamos estes, incluindo famílias, filhos e netos, 20.000; mais não são. Ao sul do Piauí migraram comerciantes e artistas vindos de Pernambuco ou da Bahia; mas em número insignificante. Contamos essa migração em 5.000 pessoas no máximo. Do lado do Maranhão fugiram ou migraram algumas centenas de pretos e mulatos. Chegou mais uma onda de pretos depois da data de 13 de maio, mas não se pode avaliar o número deles em mais de 5.000. A fundação da nova capital, Teresina, e o desenvolvimento de Parnaíba, Amarante e Floriano, deram um aumento de 15.000 pessoas, no máximo. Em troca disso, formaram-se núcleos de piauienses em São Luís, Fortaleza, Recife, Bahia e Rio de Janeiro. Também levou a fada morgana da borracha amazonense um bom número de piauienses ao grande "Rio-Mar", de onde poucos voltaram.

Temos então os seguintes algarismos: o recenseamento de 1762 deu 13.000 habitantes, que se multiplicaram até 1821 em 40.000. Durante os seguintes 100 anos aumentou a população pelo afluxo de fora, inclusive famílias de proliferação, para 45.000 almas. O recenseamento de 1920 deu 738.740 habitantes. Descontando o afluxo de fora, temos o número aproximado de 690.000, resultado do crescimento, em 100 anos, de uma população de 40.000. Isso é uma impossibilidade física; a natureza não se deixa enganar. Na Europa cresceram, no mesmo espaço de 100 anos, as populações nas seguintes proporções: França, de 1 para 2,1 (quer dizer, de 20 para 42 milhões); Espanha, de 1 para 2,5; Portugal, de 1 para 3; Inglaterra, de 1 para 3,5; Itália, de 1 para 4; Germânia, com o maior crescimento, de 1 para 5. Quem pode pretender que, no Piauí, com suas comunicações difíceis, falta de alimentação infantil e de higiene no interior, a população crescesse de 1 para 17? Na realidade, podemos avaliar o aumento da população piauiense, nos ditos 100 anos, de 1 para 3. Isso quer dizer que os 690.000 habitantes de 1920 eram em 1821 não menos de 230.000, em 1762 aproximadamente 100.000. Desse número, eram portugueses, de puro sangue lusitano, não mais de 5.000, e escravos de raça africana também 5.000. Os outros 90.000 eram descendentes das antigas raças brasileiras, misturados com 10 por cento de sangue lusitano e 90 por cento de sangue brasileiro. O cruzamento, de tapuias com africanos, e ainda menos de tupis com pretos, não se dera ainda, naquela época.

No século XVII moravam ainda no território do Piauí os seguintes povos indígenas brasileiros: partes das grandes tribos tabajaras, potiguares, guegués e goiajaras; depois as tribos menores dos tremembés, quiriris, jenipapos, gurgrités, aitatos, aboipiras, aranhins, muipurás, acroás, macoazes, precatez, cupenharos, caratés, campurus, caratiús-mirim, anapurus, anapurus-mirim, orizes, procazes, barbados, rodeleiros (dois nomes dados pelos portugueses), guamarés, exotins, acaraçus, caicazes, suassuís, araís, aruazes, timbiras, icós e quixeirarins. Entre essas 36 tribos, havia diversas tribos cinco a seis grandes aldeias livres; as outras tinham aldeamentos independentes ou nas fazendas. Contando na média 2.000 almas para cada tribo, verificamos logo uma população indígena de 72.000

Antiga História do Brasil - de 1100 a.C. a 1500 d.C.   121

almas, nos meados do século XVIII.

Baseados nesse cálculo, asseveramos que 75 por cento da população branca do Piauí são descendentes dos antigos brasileiros. Os povos tupis eram brancos, o que não só prova o nome "cari", como também cada família legítima sertaneja do Piauí e Ceará. As crianças nascem, numa média de 90%, alvas e louras e o estado de nascimento indica a raça. No correr dos anos, a cor da pele fica amarelada e a cor dos cabelos torna-se escura. Mas, sendo essas crianças bem tratadas, com higiene, asseio e alimentação racional, conservam elas todos os traços característicos da raça branca e, na terceira geração, não se diferem mais das raças mais finas da Europa. Isso é o segredo da renascença tupi. As crianças dos tapuias legítimos nascem com a pele meio parda e com cabelos pretos lisos. Nenhum tratamento pode destruir esses dois traços característicos. Vivendo esses tapuias na cidade, no meio civilizado, mas casando com membros da mesma raça, como se pode observar em muitos casos em Belém, os traços tapuias ficam suavizados e idealizados, mas nunca se perdem por completo. O cruzamento com a raça negra será assunto para um capítulo posterior. Constata-se que o sertanejo branco considera como um casamento não legal a união de um branco com uma negra e vice-versa.[2] Nesse ponto, o sentimento racial e nacional foi sempre mais sutil no interior do que nas cidades.

* * *

O desenvolvimento dos aldeamentos dos indígenas, para constituírem povoações e vilas, deu-se por um processo muito simples e natural. Os primeiros povoadores portugueses não entraram no Piauí motivados por simpatias aos indígenas, como os missionários. Mas também não foram bandeirantes, nem fizeram, profissionalmente, "caça contra os gentios de corso". Sua finalidade foi a de organizar a criação de gado, que prometia lucro rápido. Mas isso só era possível se a fazenda estivesse fora do perigo de ser atacada pelos indígenas e, um contra cem, não podia fazer guerra. Pela sua arma de fogo ele foi o mais forte mas, na obscuridade da noite, os indígenas

2 A afirmação do autor a respeito da discriminação racial naquele momento, retrata o perfil social do início do século XX, que certamente não representa os mesmos valores dos dias atuais.

eram vencedores. Por isso foi uma medida de prudência procurar relações pacíficas, com o auxílio dos padres; ganharam a confiança dos chefes da tribo vizinha e fizeram um arraial, onde se podia colocar uma dúzia de famílias indígenas. Além disso, os fazendeiros sempre trouxeram alguns indígenas cristãos das missões para ajudarem a cultivar as novas amizades. O fazendeiro tinha todo o interesse em agradar a seus novos amigos e impedi-los de fazer roças e pequenas criações em redor do arraial. Assim, os inquilinos tinham o mesmo interesse em proteger a fazenda e o arraial contra agressões da parte dos indígenas livres. Dessa maneira, cada aldeamento tornou-se um instrumento de segurança para o fazendeiro.

Os padres nunca pouparam seus esforços para não deixar de ser construída uma pequena capela em cada arraial, onde eles organizavam festas religiosas uma ou duas vezes por ano. Nessas ocasiões mandavam seus adeptos para as aldeias e tribos independentes, convidando-as para assistirem às festas. Assim, reuniu-se o povo e organizou-se também um pequeno mercado. Os visitantes trouxeram produtos, comerciantes ambulantes apareceram com mercadorias que eram vendidas em troca dos produtos dos indígenas, os compradores de gado organizaram comboios e, em pouco tempo, estabeleceu-se um comércio regular. Assim nasceram, no Piauí e no Ceará, centenas de povoações, vilas e cidades.

Mas, perguntarão os incrédulos, onde ficaram os efeitos da guerra de extermínio "que fizeram os conquistadores durante 200 anos, contra os índios selvagens, de que falam os compêndios da história"? Essa guerra é uma lenda, pelo menos a respeito do Piauí. As efemérides de F. A. Pereira da Costa relatam um único caso, em que um particular, Manuel da Silva Pereira, morador na ribeira da Parnaíba, obteve, em 1731, a permissão real de fazer, à sua custa, uma guerra contra cinco nações indígenas: aranis, suassuí, anaperi, araí e guanarés, nomes que estão um pouco mutilados no documento oficial. Mas, o conselho ultramarino de Lisboa apresentou uma lista de condições e restrições tão grandes para essa empresa, que o empreiteiro-guerreiro perdeu logo a vontade de realizar o seu projeto. O conselho declarou, por exemplo, que todas as tribos indígenas contra as quais o suplicante queria guerrear seriam, pela lei, súditos livres de El-Rei. Mas no caso em que o empreiteiro encontrasse um desses indígenas armado e cometendo atos de violência, ele devia prendê-lo e o remeter a São Luís, à disposição da Junta das Missões ou do Juiz-desembargador. O empreiteiro não teria o direito de julgar e castigar uma única pessoa, como declarava a carta real.

Naturalmente, essa "guerra particular" nunca se realizou, mas o projeto foi a consequência do fracasso completo duma "guerra oficial" que durou dez anos, pelo menos no papel. Nesses acontecimentos foram envolvidos o "mestre-de-campo de conquista", Bernardo Carvalho de Aguiar, e o capitão-mor Francisco Xavier de Brito. Em consequência de muitas reclamações de diversos municípios contra violências praticadas por tribos independentes, mandou em 1717 o governo do Maranhão um memorial ao rei Dom João V, mostrando a necessidade de fazer expedições para castigarem as tribos insubordinadas. Seis meses depois chegou a resposta do rei, que concordou com as ideias do governo do Maranhão e pediu um plano bem elaborado a respeito da extensão e das despesas da projetada guerra. O governador comunicou essa carta régia ao capitão-mor do Piauí e este encarregou o mestre-de-campo Bernardo Carvalho de traçar o seu plano de guerra. O mestre incluiu na lista de castigo os nomes de dez tribos desobedientes e pediu armas e mantimentos para 500 soldados, com que pretendia guerrear durante dois anos. Esse ofício foi para Lisboa e, em setembro de 1718, chegou a resposta: o mestre Bernardo receberá 400 soldados indígenas, os quais terão de ser fornecidos por Francisco Mataroá, "governador dos índios de Ibiapaba". O governador do Maranhão tem de fornecer 40 soldados portugueses, e as freguesias do Piauí fornecerão para esse exército do mestre Bernardo mantimentos para seis meses. Mais não deveria durar a guerra!

Primeiramente duraram um ano inteiro as negociações; com Mataroá a respeito dos 400 soldados da Ibiapaba. Ninguém acreditava que esse astucioso chefe dos tabajaras e amigo dos jesuítas mandasse uma tal força para uma guerra contra outras tribos, com que ele vivia em paz e amizade. Mas, por ordem do rei, andaram os mensageiros entre Maranhão, Piauí e Ibiapaba, ida e volta. Finalmente resolveu o capitão-mor Francisco Xavier fazer uma demorada viagem ao rio São Francisco e pedir soldados ao governo de Pernambuco. Voltou ele em maio de 1720 com 200 soldados indígenas, na maioria potiguaras. Mas, faltavam ainda os mantimentos e os 40 soldados portugueses. O mestre Bernardo sabia bem que apenas com soldados indígenas não poderia fazer guerra contra os indígenas. Então, foi a São Luís, mas o governador estava ausente, no Pará, e devia voltar por terra. O mestre não teve a paciência para esperar em São Luís e foi para Turi Assu, onde ficou até a volta do governador. Este chegou e o mestre recebeu um pequeno número de soldados, com os quais chegou na Vila de Mocha, em 1721. Ali, o número dos soldados indígenas já estava muito reduzido, pois a câmara municipal não se achou obrigada a sustentar tanta gente. Finalmente, o mestre Bernardo tinha superado todas essas dificuldades, e no princípio do ano de 1722 começou ele a guerra, com 100 soldados indígenas e 20 portugueses.

Com essa tropa, percorreu "o mestre-de-campo da conquista" o sertão do Piauí até 1725, sem encontrar inimigos ou fazer batalhas. As queixas dos fazendeiros contra essas excursões inúteis, cujas despesas caíram sobre seus ombros, chegaram por dúzias a São Luís e a Lisboa.

Em janeiro de 1725 chegou a ordem para regressar o mestre Bernardo e ele voltou triunfante, tendo feito um contrato com os chefes de três tribos (jenipapos, icós e quixeirarins), pelo qual estes se obrigavam a ficar neutros nas lutas de dois partidos de fazendeiros, dos Feitosas e dos Montes, o que prova que não foram só os índios" que perturbaram a paz.

Considerando esses fatos históricos documentados, ninguém pode mais falar na suposta guerra de exterminação, pelo menos nesta parte do Norte do Brasil. Na história piauiense só existe uma página negra, que relata as proezas do tenente-coronel João do Rego Castelo Branco, que foi "mestre-de-campo" nos anos de 1770 a 1780. Esse homem, que possuía pouco critério, grandes ambições e a ideia fixa de descobrir minas de ouro e de diamantes, abusou de sua posição militar, para fazer extorsões nos municípios, exigindo dinheiro e mantimentos para supostas guerras contra os indígenas. Durante anos ele andou com seus filhos e 50 armados no interior, maltratando a população pacífica e, quando as queixas contra ele chegaram a Lisboa, atacou, para justificar as suas expedições guerreiras, os arraiais dos indígenas e levou os chefes, como criminosos, para Oeiras, onde estes foram reclusos em prisões pestilentas. As famílias dos presos foram expulsas dos arraiais e, em toda a parte, os capangas daquele chefe megalômano provocaram lutas sangrentas. Os cronistas contemporâneos confirmam que esse mestre-de-campo causou a morte de 400 indígenas inofensivos, homens, mulheres e crianças. Mas, a véspera da independência já estava perto.

Capítulo 8

DIVERSOS PONTOS DA VIDA PRÉ-HISTÓRICA DO PIAUÍ

Neste tratado resumido, que devia dar a orientação histórica da antiguidade brasileira, não é possível descrever o grande número de inscrições, casas de pedras, furnas, grutas, camocins, necrópoles e outros testemunhos da antiga atividade do povo que habitava o Piauí. Também um homem só não pode percorrer o interior do estado inteiro e examinar pessoalmente todos os pontos. Seria imprescindível que as autoridades locais e as classes intelectuais de todos os municípios contribuíssem para o trabalho de colecionar as informações e descrições dos pontos interessantes, para os entregarem ao douto Instituto Histórico e Geográfico Piauiense. Com tal colaboração geral, será possível compor-se um álbum de todos os monumentos históricos e pré-históricos do estado, e criar-se uma obra digna das nobres tradições do antigo Piauí. Aqui daremos somente alguns exemplos indicativos.

Começamos com o subterrâneo de Alto Alegre, no município de Piracuruca, por motivos de que aquele "buraco" apoia a nossa teoria do trabalho humano, a respeito das grutas e furnas. Estão contra nós numerosos incrédulos que sustentam a teoria de erosão e declaram todas as grutas como obras da natureza. E, onde a erosão fica completamente excluída, aparecem os holandeses que fizeram os tanques e as casas de pedras ou são os jesuítas que mandaram cavar os subterrâneos. Em Alto Alegre não se pode descobrir elementos de erosão. Não existem lá pedras calcárias nem salitre. Não passa um riacho, que podia furar a terra, não andaram ali nem jesuítas nem holandeses. O subterrâneo foi cavado, em tempo remotíssimo, pela mão do homem.

O nosso desenho abaixo, mostra um semicírculo de seis morros com alturas de 60 a 80 metros. No lugar onde

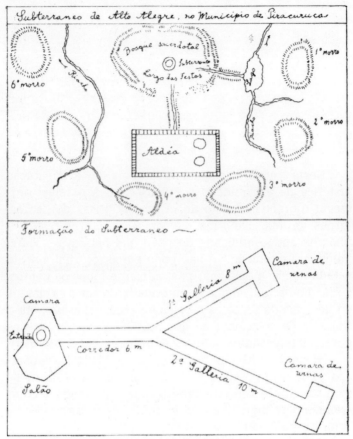

está marcada a aldeia, existe um longo aterro com blocos de massa pedrosa. O espaço é pequeno para conter uma aldeia regular; mas pode ser que ali estivesse a casa dum piaga, com outras casas para seus adeptos e com barracão para os visitantes. O terreno, onde está a entrada subterrânea, levanta-se a cinco metros sobre o nível do riacho e do pequeno lago do lado direito. A profundidade do poço da entrada é de dois metros e, com mais um metro de descida, acha-se o visitante num grande salão. Antigamente esse salão foi um só espaço, com paredes de dois metros de altura, e o buraco da entrada foi o grande funil pelo qual entravam ar e luz. As galerias andam no rumo do lago, as câmaras, marcadas como depósitos de urnas funerárias, são tão baixas que o visitante não pode mais ficar em pé, É muito provável que existisse mais uma entrada horizontal, no rumo daquela que se fechou pela moleza da terra.

Ludwig Schwennhagen

Qual foi a finalidade de cavar-se esse subterrâneo? – Naquela região encontram-se hoje ainda turmalinas azuis e cristais octaédricos, meio transparentes, de cor amarelo-roxo. Essas pedras serviam na antiguidade para enfeitar as imagens das divindades e dos simulacros nos templos e nos santuários das casas. Os fenícios levaram essas pedras para sua terra, onde existiam muitas oficinas de lapidação. Diodoro fala, em diversos capítulos da sua *História Universal*, sobre esse comércio. Do Brasil levaram os fenícios quantidades enormes dessas pedras semipreciosas para o Mediterrâneo, principalmente da serra da Coruja, na região de Picuí e Acari, da Paraíba e do Rio Grande do Norte.

Nos leitos dos riachos de Alto Alegre e no leito do rio Jenipapo encontram-se aquelas pedras depois das grandes chuvas do inverno; talvez no lugar onde está o subterrâneo teria sido descoberta uma rica veia das mesmas pedras. Assim ficou resolvido abrirem galerias e poços para explorarem a mina. Para esse serviço foi indispensável fazer uma estação, dos mineiros, da qual nasceu uma pequena aldeia. Devido à serra, o lugar tem dois riachos perenes e um pequeno lago que favoreceram o trabalho agrícola.

Mas a época de mineração passou, devido à circunstância de que foi esgotada a quantidade de pedras aproveitáveis e ficou só o aldeamento. Reparamos em toda parte o mesmo desenvolvimento. Os fenícios procuraram sempre para as suas empresas o auxílio dos sacerdotes, que animavam o povo nos trabalhos. Aqueles comerciantes gananciosos foram gente muito religiosa. Não começavam nenhum negócio sem pedir o auxilio da divindade. Por esse motivo encontramos sempre o mesmo fato de que, depois da saída dos fenícios, os pajés tomaram posse das casas e instalações abandonadas. No Alto Alegre existe ainda a tradição de que perto do subterrâneo morava um piaga que foi sempre visitado e procurado por muita gente. Uma outra história muito popular diz que o subterrâneo de Alto Alegre fora um suspiro "dum longuíssimo corredor subterrâneo que saia da gruta de Ubajara". É provável que os piagas tivessem envolvido o subterrâneo em certas contas místicas para aumentarem seu valor religioso. Também na serra anda uma crença de que da gruta de Ubajara saía um rio subterrâneo, no rumo do Piauí que, no tempo da seca, formaria um corredor onde podia andar gente por muitas léguas.

Sustentando a teoria de que o subterrâneo de Alto Alegre estava no centro de um bosque sacerdotal, sabemos pelas narrações dos primeiros missionários, que todas as aldeias dos tupis possuíam tais bosques.

Um bom exemplo é o bosque de Guarita, de que damos um modesto desenho. O semicírculo dos rochedos que cercam o lugar é tão perfeito que devemos supor que alguns desses rochedos foram colocados e aparelhados pela mão do homem. A furna com o grande fogão está bem no centro, e os dólmens, quer dizer as mesas de imolação, são simetricamente colocadas, em ambos os lados. Os sinais hieroglíficos, em redor da furna, não são mais legíveis, mas mostram o mesmo sistema e escritura como os letreiros da serra dos Arcos. O lugar é fácil de visitar, a três quilômetros distantes da estação Bom Principio, da Estrada de Ferro do Norte do Piauí.

* * *

Os empreendedores de minas andaram em três caminhos: a estrada principal era o rio Parnaíba, para alcançar os grandes centros de mineração, nos Dois Irmãos e na Grande Lagoa. Do porto terrestre do lago São Domingos saía a estrada do Longá, com diversas ramificações, no rumo do sul, e uma estrada para o leste, com três ramais para a serra de Ibiapaba. Sobre esta última falaremos primeiro.

A serra Grande tem, no norte, dois contrafortes, a serra dos Arcos, ao lado do Piauí, e a serra de Ubatuba, ao lado do Ceará. A primeira teve antigamente o nome Macaguá, isto é, casa de gavião; uma parte dessa serra chama-se hoje também serra do Porciano. Nessas montanhas encontram-se veias de óxido de cobre, cujo centro está em Viçosa. Sete furnas e buracos mostram ali os lugares onde os mineiros procuraram cobre. Hoje ainda encontram-se, espalhados no chão, em redor dessas furnas, pedaços de minério de cobre. Mais interessantes são os vestígios na outra parte da mesma serra, chamada "dos Arcos". O ponto principal é um túnel de dois metros de altura, dois metros de largura e vinte metros de compri-

Nova et Exacta Delineato Americae partis Australis. Que est Brasilia..., 1599, Levinus Hulsius. *O Tesouro dos Mapas - A cartografia na formação do Brasil,* Instituto Cultural Banco Santos, 2002.

mento. Na abóbada da entrada estão gravados na pedra sinais hieroglíficos e diversas letras fenícias, sobre-pintadas com tinta encarnada. No interior do túnel, onde a pedra é presa, enxergam-se sinais com tinta branca. Num outro cume da serra, meio quilômetro distante do túnel, repara-se a forma dum arco que cobre uma larga chapa lisa de pedra, contendo um grande número de sinais. As letras estão meio gastas pelo tempo, mas as figuras encarnadas duma ave aquática e dum carneiro estão ainda bem visíveis. A serra forma ali um barranco e duma outra ponta, na mesma linha, enxerga-se uma pedra alta, na forma de um homem, obra de uma rude escultura. Os moradores chamam a essa estátua "pedra do frade", antigamente "Itassumé", quer dizer "pedra do sumé". Repara-se bem a semelhança entre essa pedra e a estátua do sumé, no castelo das Sete Cidades.

    Todas as circunstâncias deixam supor que nesse lugar da serra dos Arcos foi a primeira estação do trabalho, iniciado na serra de Ibiapaba. Isso indica também as figuras de aves aquáticas, que significam a viagem por mar, enquanto os carneiros indicariam a viagem terrestre. Nas inscrições da serra da Coruja encontra-se o mesmo sistema.

    O outro contraforte da Ibiapaba, do lado do Ceará, é a

serra de Ubatuba, onde existem jazidas de minério de ferro que se estendem para o norte, até o lugar Itaúna ("pedra preta"). Os moradores da serra de Ubatuba declaram que existe ali também um minério com brilho de prata, que podia ser chumbo ou estanho. Por isso podemos dizer, quase com certeza, que os mineiros dos fenícios constataram já, na entrada da Ibiapaba, cobre, ferro e talvez estanho. A distância da povoação de Ubatuba até a cidade de Viçosa, é de 30 quilômetros. As grandes jazidas de cobre já começam na metade do caminho. Quem poderá negar, nesse caso, que as grutas de Viçosa, ao redor da cidade, como no município, fossem escavações da antiga mineração? Cobre e estanho foram para os fenícios uma riqueza quase tão grande como o ouro. Quem inventou a fabricação do bronze pela liga de cobre e estanho, não se sabe. Mas provado é que os fenícios usaram, durante muitos séculos, a fabricação de armas e artefatos de bronze, como um monopólio. Eles possuíam numerosas oficinas grandes na ilha de Chipre, em Damasco, Traplos, Sídon, Tiro e em outras cidades. O artístico escudo de Aquiles, glorificado por Homero, seu grande capacete e sua hasta, foram obras fenícias, como todo o armamento dos guerreiros nobres da antiguidade, até o 5° século a. C., foi fornecido pelos fenícios. Assim se pode compreender

Carte de l'Amerique, 1627, Melchior Tavernier. *O Tesouro dos Mapas - A cartografia na formação do Brasil*, Instituto Cultural Banco Santos, 2002.

de quanto valor foi o descobrimento das minas de cobre de Viçosa para aqueles navegadores. Para a nossa teoria tem esse assunto uma grande importância. De Viçosa para o sul estende-se uma larga zona de mineração, dentro da serra de Ibiapaba, com dúzias de furnas, tanques, túneis e grutas. O ponto mais interessante é a imensa gruta de Ubajara, com 12 grandes salas e mais de mil metros de corredores, além de uma parte até agora inexplorada. A respeito dessa gruta surgiu uma larga controvérsia entre o autor deste tratado e os partidários da teoria de erosão, que declaram a gruta como obra da natureza. Não se pode, porém, resolver esse, problema científico, sem estudar o conjunto de todas as grutas e furnas da mesma região. Sendo provado que as furnas de Viçosa são os poços e corredores das minas de cobre, que todos os habitantes de Viçosa conhecem e que outras furnas da vizinhança são restos da antiga mineração, não se pode estranhar que a milagrosa gruta de Ubaraja fosse uma fábrica de salitre, cujo mineral foi ganho pelo sistema de filtração artificial, usado ainda hoje na Síria e na Ásia Menor.

* * *

A estrada do Longá, saindo do lago São Domingos, andava no primeiro trecho junto com a estrada de Ibiapaba, devido aos pântanos que formou o Longá, no seu curso inferior. Depois, passando o rio Pirangi, divide-se a estrada, num lugar marcado por diversas inscrições descobertas, há poucos anos, pelo professor Álvaro Freire. Existe ali uma pequena cachoeira com poços de água limpa e, nesses poços, fora e dentro, acham-se letreiros com caracteres de escritura fenícia e demótico-egípcia. O letreiro da serra dos Arcos já está meio gasto pelo tempo, mas aqui as letras são bem legíveis e mostram o mesmo sistema de escritura, como as grandes inscrições de Pedra Lavrada do Seridó, no Rio Grande do Norte.

A região das minas começa, indo para o sul, acima da confluência do rio Longá com o rio Piracuruca, antigamente chamado rio dos Genipapos. Ali começam as "barras", que se estendem, na margem do rio Longá, numa linha de mais de 60 quilômetros. São antigos açudes, que tinham duas finalidades: fomentar a agricultura e facilitar a lavagem de ouro. As serras do município de Barras que flanqueiam o curso do rio Longá contêm quartzo branco e quartzo preto em grandes blocos, o sinal de que naqueles morros existem filões auríferos. Além disso, existem ali nos rochedos dúzias de letreiros e sinais de mineiros, pintados com tinta encarnada. Os moradores da região confirmam que nos leitos dos riachos que vêm das serras, acham-se muitas vezes, no fim do inverno, pequenas pepitas de ouro. Um velho ourives da cidade de Barras declarou ao autor que conhecia muitos lugares onde se podia procurar ouro fino.

Esses indícios provam que 2.000 anos atrás o curso médio do Longá foi uma região onde se encontrava "ouro de aluvião", quer dizer, ouro fino ou em pepitas que foram levadas pela ação de água dos cascalhos que existem dentro das serras. Mas o ouro não cresce no interior do solo. É um metal nativo que saiu, junto com o quartzo, em estado líquido, do fundo do nosso globo, na época da formação da crosta terrestre. Quando num lugar onde aparece ouro começa-se o trabalho intensivo de lavagem de ouro dos cascalhos, é muito provável que a quantidade de ouro na flor da terra fique esgotada em poucos decênios. Por isso, a circunstância de que hoje se encontra nos riachos afluentes do Longá, só raras vezes, pepitas de ouro, não diminui a probabilidade de que no tempo dos fenícios a produção de ouro, na mesma região, fosse considerável. A prova é o grande número dos açudes. Sem água não se pode lavar o ouro do pedregulho dos cascalhos. Sobre esse ponto fez o autor demorados estudos na zona aurífera do Maranhão, principalmente na região do rio Maracá-Sumé. Ali pode-se ver como o trabalho de mineração no tempo dos fenícios foi muito mais desenvolvido do que na época atual, pelo menos no Norte do Brasil. A respeito das minas auríferas de Barras, deve-se ainda constatar que ali não existem grutas com corredores indicando que os antigos mineiros já tiravam os filões do interior das serras. Eles tiravam o ouro só dos cascalhos e deixavam intactos os filões. Aí está uma perspectiva promissora para o futuro.

* * *

Existem mais outros vestígios de antigas minas de ouro. No município de Piracuruca, perto do lugar Piedade, no sítio de Cachoeira, existe um olho d'água, onde aparecem no fim do inverno pequenas pepitas de ouro. Pelas chuvas forma-se um riacho que seca no verão. Em redor levanta-se uma serra com morros meios altos e, no pé de um destes, existe uma furna com uma entrada de metro e meio de largura. O corredor é inclinado e mede quase doze metros, as paredes mostram pedras quebradas com ferramentas pesadas, não se descobre qualquer sinal de erosão. É um corredor da mina, onde se procurou o filão aurífero. No fundo do corredor existe a água, que se manifesta pelo estrépito que causa uma pedra jogada para o fundo da furna. Água aparece em qualquer mina e a sua tiragem por meios mecânicos, é sempre um dos primeiros cuidados do engenheiro competente.

No município de Periperi, na região do rio Corrente, afluente do Longá, estendem-se as veias de quartzo branco até uma serra chamada "dos Tocaias". Ali está um rochedo alto e isolado, cujo mineral é quartzo e mármore. O perito mineiro suporá logo que ali existe ouro e, examinando o rochedo, depara ele com uma furna com a entrada regular de um e meio metro de largura. O corredor, um pouco em declive, vai longe para dentro e faz diversas voltas. Mas com a distância de cinco metros, medidos da entrada, repara-se na parede do corredor uma cavidade e, no meio, um espesso cristal de rocha. A população católica do município venera essa furna, crendo que o cristal de rocha seja uma imagem de Santo Antônio e que a água que se junta abaixo do cristal tenha forças curativas. O vigário de Piracuruca visitou a furna acompanhado de muito povo e reprovou essa crença, pois o cristal nada possuía de comum com uma imagem de santo. Mas o povo continua a visitar o lugar e a levar de lá a "água milagrosa de Santo Antônio".

O caso não tem nada de milagre. No inverno de 1923/24 a violência das grandes águas quebrou grandes blocos de pedras de spath, na serpentina que sobe de Ipu ao barranco da Ibiapaba. Essa entrada foi construída com grandes esforços no tempo do governo do dr. Epitácio Pessoa, mas a força elementar das chuvas daquele inverno mostrou-se superior e rasgou do alto barranco blocos enormes que cobriram a serpentina. Um desses blocos quebrou-se em pedaços porque tinha no interior uma larga cavidade, em cujas paredes foram formados espessos cristais octaédricos de rocha, de comprimento até de 30 centímetros. O digno juiz de direito de Ipu, dr. Souto Maior, alcançou salvar um desses cristais da ganância dos negociantes ambulantes. No rochedo dos Tocaias existem as mesmas formações. Os mineiros antigos, abrindo o corredor da mina, perfuraram com alavanca a pedra que tinha no interior uma cavidade com cristais. Quando os mineiros abandonaram a mina, o piaga a aproveitou para seus fins religiosos e de lá partiu a crença popular a respeito da imagem.

Perto de Periperi, na fazenda chamada "Curral de Pedras", existia um camocim (antigo cemitério) de um sistema muito característico. Rochedos baixos e pedras isoladas estão espalhados sobre uma grande área. Mas, num certo ponto, as pedras estão juntas e formam pequenas furnas, com cavidades de um a três metros quadrados. Estas furnas são ligadas por estreitos corredores e serviam de depósitos para urnas funerárias. Moradores contam que antigamente foram tirados dessas furnas muitos vasilhames de barro com ossos humanos. Em 1924 um vaqueiro do coronel Facundo Rezende encontrou, do proprietário da fazenda, uma grande urna intacta, da altura de um metro, com capote, cheia de terra e ossos, colocada a um canto de uma dessas furnas. Temos aqui uma prova de que os tupis não enterravam sempre seus mortos dentro de valas, mas faziam também necrópoles, no costume dos povos pelasgos. Eles sabiam queimar de barro grandes urnas que eram cobertas com capotes, ligados com as urnas por matérias colantes de grande resistência. O corpo do morto ficava embalsamado e, se fosse necessário, cortado nas juntas, para encher melhor a urna.

O corpo se conservava sentado e a cabeça estava diretamente em baixo do capote. Centenas de camocins com urnas enterradas foram encontrados em todas as partes do Brasil, mas não se podia sempre verificar se ali estavam corredores subterrâneos, onde foram colocadas as urnas, ou se estas foram enterradas no chão. Mas aqui, em Periperi, havia uma necrópole com subterrâneos e corredores, apesar do sistema rudimentar e primitivo.

Esse ponto tem sua importância a respeito da religião dos tupis e permite-nos compreender a significação das outras necrópoles, como a pirâmide de Marvão e a gruta do Caboclo, na Paraíba. O culto dos mortos é uma parte essencial da religião dos povos e quanto mais elevado é esse culto, tanto mais devemos qualificar um povo como civilizado. A crença da imortalidade das almas é um patrimônio comum de todos os povos que foram ensinados pelos membros da Ordem dos Magos ou das filiais, das quais uma foi a ordem dos piagas.

Existem na crença de imortalidade duas correntes: a crença na continuação da vida da alma, depois da morte, num reino espiritual, e a crença na ressurreição da carne (quer dizer, do corpo) no dia do último juízo. O credo da igreja cristã adotou a ressurreição da carne, mas admite também a continuação da vida espiritual da alma, o que sempre foi um ponto difícil para a compreensão popular. Todos os povos que acreditaram na ressurreição da carne, principalmente os egípcios, embalsamaram os mortos para o fim de que estes pudessem aparecer bem conservados no dia do juízo. Os faraós, os nobres, os sacerdotes, como também os particulares e populares, homens e mulheres, não foram apenas embalsamados, mas também sepultados com muitas jóias e objetos de valor, conforme a riqueza dos respectivos finados. Estes queriam comparecer perante Deus na aparência da sua antiga posição social, providos de meios financeiros, para se manterem na vida futura. Por isso os faraós e todos os egípcios ricos juntavam durante sua vida grandes quantidades de ouro, que deviam ser depositadas nos seus sarcófagos. Os espertos comerciantes fenícios, que foram os fornecedores de ouro para os egípcios, sustentaram com grande interesse essa crença. Achavam também muito justo que os egípcios embalsamassem da mesma maneira seus animais santos, não só gatos e diversas aves, mas também crocodilos de dez a mais metros de comprimento, e todos os touros "Apis". Para esse processo de conservação gastavam os piedosos egípcios, anualmente, pelo menos mil toneladas de salitre, que aqueles negociantes procuravam, com alto lucro, das grutas de salitre do Brasil.

Os piagas dos tupis tinham a mesma crença, pelo menos isso se manifesta na colocação das urnas funerárias em furnas e subterrâneos, de onde os mortos pudessem facilmente ressuscitar, ao chamado de Deus. Também

Antiga História do Brasil - de 1100 a.C. a 1500 d.C.   137

davam aos mortos, nas urnas, qualquer objeto de arte ou de valor com a finalidade de não aparecerem inteiramente pobres no último dia. Os cariris da serra de Borborema, na Paraíba, usaram muito esse culto, como provam a mencionada necrópole da gruta do Caboclo e o grande camocim de Itabaiana. No Piauí possuíamos a pirâmide de Marvão que foi, durante muitos séculos, uma necrópole e é hoje ainda um cemitério cristão. É um rochedo de 15 metros de altura, quase isolado e rudemente cavado no interior. Duas portas opostas dão entrada e um funil na cúpula que deixa entrar luz e ar. No centro reparam-se ainda no chão as pedras quebradas que formaram provavelmente o dólmen, o altar da antiga religião, enquanto em redor estavam em pequenas cavidades as urnas funerárias. No fim do século passado o rev. bispo do Piauí encarregou dois sacerdotes de mandarem remover os restos das urnas quebradas e colocarem, no fundo, um pequeno altar com candeeiros, onde os parentes dos enterrados acendessem as velas.

Mas qual foi a origem dessa pirâmide? Não disputaremos com os erosionistas que vão responder logo: "Tudo é obra da natureza". Nós comparamos esse rochedo escavado com diversos túneis, que são obras inegáveis de mineração. A pirâmide foi primeiramente um túnel do mesmo sistema dos túneis da Ibiapaba, com o funil de ventilador. Um rochedo isolado numa planície com veias de quartzo sempre atrai a curiosidade do mineiro profissional, que logo opina que no interior do rochedo poderiam achar-se veias ou cascalhos de minérios de valor. Naquele tempo ninguém receava o trabalho; a lei do menor esforço não fora ainda descoberta. Os tupis-guaranis angariaram com facilidade centenas de trabalhadores tapuias, a alimentação fornecia-a o próprio mato e do prazo ninguém se incomodava. Se uma obra demorava um mês ou seis meses em nada influía; não havia pagadores para entregarem a cada um o seu ordenado.

Assim foi cavado primeiro um túnel com galerias para examinar e extrair os minérios; depois os chefes da empresa acharam o lugar próprio para uma casa grande que pudesse servir de estação da entrada e da viagem. Encontramos muitas estações e casas de pedras do mesmo sistema. Esta casa de Marvão daria uma albergaria

excelente e um bom depósito para mercadorias e material de toda qualidade. Séculos depois, quando os fenícios desapareceram, ficou a pirâmide para o uso do piaga e do povo.

Os antigos mineiros percorreram o Piauí inteiro. Nas serras do município de União existem diversos buracos cavados pela mão do homem, que são vestígios da procura de minerais. Na serra encantadora de Ita-ma-ra-ti ("as pedras com grandes cascatas"), hoje chamada Pedro II, existem jazidas de diversos minerais. Furnas se conhecem duas, mas é provável que se encontrem mais. Na serra de Campo Maior, no lugar Boqueirão, existe uma furna que indica a existência de uma mina. Perto de Teresina, entre os lugares Poços dos Santos e Cacimba Velha, existe uma furna com corredores.

Um grande centro de mineração foi a região de Valença. Ali existem dúzias de furnas e buracos, cavados na procura de metais e para a filtração de salitre. O ponto mais conhecido é o subterrâneo fechado de Buritizal. Nosso desenho mostra o aspecto do morro misterioso, tomado do outro lado do rio, numa distância de 200 metros. Parece uma grande porta de pedras fechada no meio por um cadeado. Em cima da porta repara-se uma placa lisa com letras e sinais hieroglíficos. Passando o leito pedroso do riacho (que seca no verão) e chegando perto do morro, enxerga-se que a porta é formada por grandes pedras toscas que fecham a entrada de uma furna. As fendas entre as pedras grossas são enchidas com pedras menores e barro, mostrando claramente que a entrada foi fechada propositadamente. A placa com escritura contém muitos sinais, semelhantes aos letreiros das grutas da Bahia.

Não se pode duvidar que a furna fosse obra de mineração e talvez fossem os mineiros mesmos que fecharam a entrada, para deter outros exploradores. Mas pode ser que a mina ficasse abandonada, com todas as outras, e o povo aproveitou a furna como camocim, quer dizer como depósito de urnas. A tribo que morava ali migrou talvez para uma outra região e, não querendo que uma outra tribo ou os tapuias quebrassem as urnas, fecharam eles, assim, a entrada. Os moradores contam hoje muitas histórias sobre a "porta fechada", mas todos concordam que dentro da furna morreu ou foi enterrada muita gente. Por isso ninguém tem a coragem de abrir a porta e examinar o interior.

Indo de Valença no rumo de sudoeste, na distância de 30 quilômetros, existe uma antiga aldeia com ruas retangulares e casas, construídas com pedras toscas, no estilo pelasgo. Esse lugar foi descoberto pelo intelectual piauiense João Ferry, que encontrou ali muitos objetos curiosos e artísticos de pedras lisas e polidas. Achamos conveniente dedicar à região de Valença um estudo especial que enriquecerá indubitavelmente os nossos conhecimentos do Piauí pré-histórico no alto grau.

America with those knowne parts in that unknowne world..., 1626, John Speed. *O Tesouro dos Mapas - A cartografia na formação do Brasil,* Instituto Cultural Banco Santos, 2002.

Conclusão

Concluo aqui a primeira parte do meu trabalho sobre a antiguidade brasileira. Era minha intenção publicar num único livro todo o material colecionado nos estados do Norte e Nordeste, desde Maranhão até Bahia. As dificuldades tipográficas foram, porém, tão grandes, que fui obrigado a dividir esse material em diversas partes, que serão publicadas sucessivamente.

Começar a obra com Piauí parecia conveniente por duas circunstâncias. Estou inteiramente convicto de que a primeira época civilizatória do Brasil se iniciou no vale do rio Parnaíba, e que as afamadas Sete Cidades, o antigo Piagui, foram o primeiro centro intelectual e nacional dos povos tupis. Além disso, foi o erudito governador do estado do Piauí, o sr. dr. Matias Olimpio de Melo, que se dignou ajudar generosamente os meus trabalhos. Sem o valoroso auxílio desse eminente estadista não podia eu juntar os documentos petroglíficos e geográficos que sustentam as minhas teorias. Meu profundo sentimento de gratidão, perante o excelentíssimo chefe de Estado, dirige-se também a tantos ilustres intelectuais do mesmo Estado, que favoreceram pelas suas nobres simpatias minha modesta obra.

Teresina, maio de 1928.

O autor

Anexo 1

Discurso
notável de
Japi Uassu

Transcrito de:
*"Histoire de la mission des pères capucins en l'isle de
Maragnan et terres circonsvoisines"*
Claude d'Abbeville e Ives d'Evreux, Paris, 1614
Tradução: Julieta Leite

Discurso notável de Japi Uassu, chefe da ilha de Maranhão e algumas perguntas dignas de atenção que nos fez.

* * *

Enquanto ainda estávamos acampados sob as árvores e agrupados abaixo do forte, poucos dias após nossa chegada, Japi Uassu, chefe de Juniparã e grande morubixaba da ilha de Maranhão, enviou ao Senhor de Rasilly um dos nossos intérpretes chamado Migan, natural de Dieppe, para pedir-lhe de sua parte que fizesse a gentileza de estar no *Carbet* e mandasse armar sua rede (segundo os costumes deles), junto com os outros chefes indígenas que deviam reunir-se para tratar com ele de coisas importantes e como queria que entendesse seu discurso ponto por ponto, a fim de que nenhuma palavra se perdesse, suplicava-lhe também que lhe desse resposta sobre o que lhe propunha na mesma ordem. Tendo Migan feito o relato do que está dito acima ao Senhor de Rasilly, o dito senhor ficou muito contente com a mensagem e logo mandou armar sua rede de algodão, em que se acomodou a seguir (segundo o hábito do país) no meio daquela sociedade indígena, onde nós também estávamos.

> Estou muito satisfeito, valente guerreiro, porque vieste para esta terra para tornar-nos felizes e defender-nos de nossos inimigos. Já começávamos a aborrecer-nos todos por não vermos guerreiros franceses, sob a condução de um grande

morubixaba, para habitar esta terra; já estávamos deliberando deixar este país, pelo medo que temos dos *Pero* (isto é, portugueses) nossos inimigos mortais, e ir para bem longe na terra, para que jamais um cristão nos visse. Estando decididos a passar o resto dos dias privados da companhia dos franceses, nossos bons amigos, sem nos preocuparmos com foices, machados, punhais, nem outras mercadorias e voltarmos à antiga e miserável vida de nossos ancestrais, que cultivavam a terra e abatiam as árvores com pedras duras.

Mas Deus nos olhou com piedade enviando para cá não os naturais de Dieppe, que não passam de pobres marinheiros e mercadores, mas um grande guerreiro que nos traz muitos outros bravos soldados para defender-nos e com padres e profetas para nos instruírem na lei de Deus.

Tu conquistarás grande renome entre os personagens de categoria, por teres deixado um país tão belo quanto a França, tua família, teus filhos e todos os teus parentes para vir morar nesta terra, a qual, embora não seja tão bonita como a tua, e não tenha todas as comodidades que deverias ter, contudo, quando tiveres considerado a bondade da nossa terra cheia de caça, de veados e de frutas, o mar e as belas praias cheias de uma infinidade de peixes, e um bravo povo que te obedecerá e te fará conquistar todas as outras nações vizinhas, isso te contentará e te acostumarás muito bem com nossos víveres e acharás que nossa farinha não enfraquece teu pão, do qual comi muitas vezes.

E quanto às construções, fortalezas e outros trabalhos manuais, nós todos trabalharemos para que sejas forte e poderoso contra todo mundo e morreremos contigo. Depois nossos filhos aprenderão a lei de Deus, vossas artes e ciências e se tornarão com o tempo semelhantes a vós: então faremos alianças, de uma parte e de outra, tão bem que daí por diante nos tomarão por franceses.

Quanto ao resto, estou muito contente por teres

trazido os padres e profetas, pois quando os malditos *Pero* nos fizeram tantas crueldades, eles só nos censuravam porque não adorávamos a Deus.

Infelizes que são! Como o adoraríamos se não nos ensinaram primeiro a conhecê-lo, a orar e adorá-lo?

Sabemos tão bem quanto eles que existe um que criou todas as coisas, que é muito bom e que foi ele que nos deu a Alma que é imortal.

Acreditamos também que pela maldade dos homens Deus enviou o dilúvio por toda a terra para castigá-los. E reservou apenas um bom pai e uma boa mãe, de quem todos saímos. E somos apenas um, Vós e Nós. Mas Deus, algum tempo depois do dilúvio, mandou seus profetas, usando barbas, para vir instruir-nos na lei de Deus.

Esses ditos profetas apresentaram ao nosso pai, de quem descendemos, duas espadas, uma de madeira e outra de ferro e deixaram que ele escolhesse. Ele achou a espada de ferro pesada demais e escolheu a de madeira. Diante de sua recusa, o pai de quem vós saístes, mais ponderado, pegou a espada de ferro. Desde então somos miseráveis, pois os profetas, vendo que os de nossa nação não queriam acreditar neles, voaram para o céu, deixando as marcas de suas pessoas e de seus pés gravadas com cruzes na rocha que fica perto de *Potyiou*, que viste tão bem quanto eu, foi o que ele disse ao supracitado Migan.

Depois disso a diversidade de línguas nasceu entre nós, que antes só tínhamos uma. Quando não nos entendemos mais, nós começamos a nos massacrar e comemos uns aos outros, o diabo *Ieropary* divertindo-se à nossa custa. E depois de tantas misérias para nos encher de desgraças, essa maldita raça de *Pero* veio tomar nosso país e espoliaram esta grande e antiga Nação e a reduziram a um pequeno número, como deves saber que agora somos.

Mas agora não tememos mais nada, porque chegaste e com tua boa Nação farás a nossa voltar a ser tão grande como foi outrora.

De resto, tenho grande esperança em tua bondade e delicadeza: porque me pareces ter, entre teus modos guerreiros, uma aparência branda e de um personagem que nos governará muito sabiamente e te direi, ainda por cima, que quanto mais um homem nasceu grande e com autoridade sobre os outros, mais deve ser delicado, gracioso e clemente. Porque os homens e, principalmente os desta Nação, se conquistam mais facilmente pela brandura do que pela violência. Quanto a mim, sempre segui essa máxima com aqueles sobre os quais tive comando e me dei bem. Sempre observei essa delicadeza entre os franceses, pois se nós não os achássemos bons, teríamos partido através das florestas, onde não nos seguiriam, vivendo de várias frutas e raízes que Deus nos deu e que nós conhecemos.

Quanto ao nosso modo de agir, como matar nossos escravos, usar cabelos longos, furar os lábios, danças e outras coisas semelhantes, nós deixaremos a teu cargo e seguiremos quanto a isso tuas vontades, conforme quiseres ordenar--nos. Os *Pero* antigamente nos massacraram, exercendo muita crueldade sobre nós, só por causa de nossos lábios furados e nossos cabelos compridos, mandando raspá-los como sinal de ignomínia. Tu nos dirás, quanto a isso, qual é a tua vontade e após tê-la ouvido, todos nos submeteremos ao que quiseres.

Não houve uma só pessoa do grupo que não ficasse satisfeita ao ver e ouvir discorrer aquele bravo e venerável ancião, ao qual o Senhor de Rasilly deu esta resposta:

Louvo grandemente tua sabedoria, velho amigo dos franceses, pois considerando a miséria e a cegueira de tua Nação, não somente no que diz respeito ao conhecimento do verdadeiro Deus, mas também às coisas necessárias ao uso do homem, tu te alegras com a minha vinda e com o desejo que tenho de morar em teu país, pois seria uma lamentável desolação que tua Nação que outrora foi tão grande e temida, e hoje tão pequena, se perdesse nos desertos afastados, sob o domínio de *Ieropary*; privada não só da bela luz e conhecimento do grande Tupã, mas também da conversação dos franceses e das mercadorias que eles sempre vos forneceram durante o tempo das perseguições que os *Pero* vos fizeram.

Esta compaixão tocou de tal forma a coragem do meu rei, que ele me enviou para junto de vós outros para vos assistir, tanto por minha conduta como por minha coragem e a dos bravos franceses que vos trouxe. Não foi a beleza, nem foram as riquezas de teu país que nos trouxeram para cá, não havendo país sob o sol tão belo e tão rico quanto a França mas, somente o desejo que tenho de que após a vossa vida, vossas almas sejam preservadas da danação eterna e do tormento de *Ieropary* e conduzidas bem-aventuradas para o Céu, com Deus e todos os bons cristãos que são seus verdadeiros filhos, os quais vivem em repouso com ele, como também para pôr vossos corpos, vossos bens e vossas famílias fora de apreensão pela invasão de vossos inimigos: eis as duas razões que me induziram a vir visitar-vos.

Não lamentei deixar meu país, minha mulher, meus filhos, meus parentes e uma vez que reconheci que tendes a vontade de servir e adorar o verdadeiro Deus, não vos abandonarei. Quanto às comodidades que dizes que deixei em meu país, na verdade elas são grandes e sem qualquer comparação com as daqui. Mas pensar em coisas tão mesquinhas é assunto para os efeminados e para os que não têm a coragem guerreira. Por mim, eu me acostumarei muito bem a todo tipo de víveres e à falta de comodidade que se tem ao ir para a guerra, sendo minha profissão.

Quanto ao auxílio que tu e os teus me darão para ajudar-me a construir fortalezas, será para vossa segurança e abrigo tanto quanto para os meus. E nosso estabelecimento será o bem e a riqueza do vosso país e de vossa posteridade, que doravante será semelhante a nós e saberá todas as belas coisas que nós sabemos.

Quanto à crueldade que me descreveste dos *Pero*, darei minha vida e a de todos os franceses antes que jamais desembarquem neste país. E quanto aos hábitos antigos que praticais por uma tolice ignorante, como matar vossos escravos e comê-los, sabeis o que prometestes quando vim ao vosso país; por isso não ficarei jamais sobre a vossa terra se não parardes imediatamente com esse costume diabólico, contrário à vontade de Deus. Quanto a vossos cabelos longos como os usais, isso não me é desagradável e não gostaria que os usásseis de outra forma; quanto a vossos lábios furados, gostaria muito que por vossa conta abandonásseis esse costume extravagante, mas quando quiserdes fazê-lo, não vos farei mal algum por causa disso, embora seja verdade que os que se abstiverem por amor a mim, sempre os amarei particularmente; quanto a vossas danças, só as acho boas quando são realizadas para distração, como nós outros fazemos.

Quanto às leis que quero estabelecer entre vós, não vos darei outras que não sejam as de Deus e as que praticamos em nosso país e quanto ao meu governo com relação a vós outros, ele será sempre muito brando e razoável. Não julgaste mal meu humor quanto a isso; mas é preciso também que de vossa parte vos torneis tratáveis e sejais bons para com os franceses; pois os maus que estão sempre querendo ser malignos e filhos de *Ieropary*, não vim por eles, mas somente para os bons e os que quiserem ouvir os *Pay* e obedecer aos seus mandamentos. Eis que completarão o resto do discurso referente ao que me alegaste sobre Tupã, sobre o dilúvio e os antigos profetas.

Logo o reverendo padre Ives, que estava lá, tomou a palavra e disse a Japi Uassu:

Tudo o que falaste de Deus, que criou todas as

coisas, o céu, o ar, a terra, o mar e tudo o que está aqui embaixo, é verdade. Sua justa cólera contra os pecadores, ingratos com seus benefícios; a vingança pelo dilúvio; o envio que fez de seus profetas entre vós outros, as próprias marcas que viste, e muitos franceses também, sobre as rochas de *Potyiou*; a divisão das línguas entre vós outros; as guerras, os assassinatos e perseguições dos *Pero*, tudo isso é verdade. Essas desgraças e castigos acontecem com todos os que não querem ouvir a palavra de Deus dada pela boca dos profetas e que gostam mais de aderir à maldita persuasão de *Ieropary*, inimigo mortal do homem.

Mas quando Deus, que é todo bom, puniu por longo tempo os pecadores, vendo-os humilhados e quase reduzidos a nada, quando recorreram a ele, ele tirou-os de miséria, tornando-os mais felizes do que nunca. O exemplo de vossos pais deve servir-vos e não fazer agora o que eles fizeram outrora. Pois Deus, enviando-nos aqui pela última vez, para ver se desejais ser colocados entre o número de seus filhos, se fordes tão imprudentes e miseráveis a ponto de não nos escutar, vos encontrareis numa miséria maior ainda e vossa Nação será inteiramente arruinada. Mas se quereis voltar a submeter-vos à vontade de Deus, escutar sua palavra e seguir seus mandamentos, jamais sereis abandonados por nós outros que morreremos todos por vossa conservação, nem pelos bons franceses que jamais deixarão vossa terra enquanto estivermos aqui.

O venerável ancião Japi Uassu ficou maravilhosamente atento, como todos os outros índios lá presentes, aos supraditos discursos, a que replicou o que se segue:

Alegro-me extremamente por ver-vos e não faltarei a tudo que vos prometi. Mas admiro-me como pode ser que vós outros *Pay* não queirais mulheres. Descestes do céu? Nascestes de pai e mãe? Ora, não sois mortais como nós? De onde vêm que não somente não tomais mulheres como os outros franceses que negociaram

148   Ludwig Schwennhagen

conosco há quarenta e tantos anos. Mais ainda, que os impeçais de se servir de nossas filhas: o que consideramos uma grande honra e uma grande sorte, podendo ter filhos?

Como de fato, eles acreditavam até então que aquilo lhes era um grande favor e viam que os franceses de nossa companhia não se davam tanta liberdade como outrora os que nos tinham precedido, achavam que era um desdém por eles e um desgosto para suas filhas, algumas das quais como desesperadas diziam querer retirar-se no interior das florestas pois os franceses que são seus bons padrinhos (assim elas os chamam) não queriam mais vê-las.

O reverendo padre Ives respondeu-lhe:

> Espanto-me com tuas palavras, que nos parecem bem estranhas, pois tu mesmo podes bem julgar que somos homens compostos de corpos e de almas, nascidos de pai e de mãe como tu és, e não caídos do céu; pois embora nossas almas tenham sua origem imediatamente de Deus, pela criação que ele faz delas dentro do corpo organizado no ventre da mãe. Se assim é mais do que nunca não estiveram no céu e consequentemente não podem ter descido de lá, muito menos o corpo que, por tua pergunta, pareces crer.
>
> Quanto à morte, sendo homens como tu és, nós não estamos mais livres dela do que tu, desde que é uma desgraça inevitável e uma sentença do grande Tupã, sem apelação, que todo homem em punição pela falta de nosso primeiro Pai, deve morrer uma vez.
>
> No que respeita às mulheres, Deus nos ordena, a nós outros, que jamais nos casemos e nos proíbe absolutamente a companhia delas, a fim de servi-las mais puramente; querendo que seus sacramentos só sejam administrados por aqueles que vivem em contínua castidade.
>
> Quanto aos outros cristãos que são seus filhos através do batismo, ele os deixa livres para casar-se se o quiserem e lhes permite terem uma mulher somente e não mais, como às moças terem um só marido sem jamais se poderem separar. Se se separarem, ele não quer que tomem outros, pois os

homens que têm várias mulheres e as mulheres ou moças que se entregam a vários maridos, não são verdadeiros filhos do grande Tupã, mas servos de *Ieropary*, que é o diabo.

Que se algum dentre vós deseja ser filho de Tupã e receber o santo batismo, deve resolver-se a abandonar a pluralidade de mulheres que se permite entre vós, cabe a vós pensar sobre isso. A nós pouco importa, não estamos aqui para obrigar-vos ao que quer que seja, mas para ensinar-vos (com a maior brandura que nos for possível) qual é o verdadeiro Tupã e como se deve servi-lo e adorá-lo.

Se os franceses recusam vossas filhas, não somos nós que os impedimos, bem lhes pedimos que se lembrem de que são filhos do grande Tupã, que os proíbe de abusar delas, e como tal não devem desobedecer ao que ele lhes ordena. Também é uma coisa bem desonesta para vós prostituirdes assim vossas filhas e para elas se entregarem a todos que chegam, como elas fazem, bem mostrais com isso que sois filhos de *Ieropary*; se, pois, desejais evitar os tormentos que ele vos prepara, deveis necessariamente abandonar todos esses costumes abomináveis e alinhar-vos àqueles dos verdadeiros filhos de Tupã.

Ao que o bom ancião replicou que estava bem satisfeito por lhe terem falado francamente e que não precisávamos espantar-nos com sua pergunta. No entanto (dizia ele), entre os *Pero* houve outrora quem dizendo-se da condição dos *Pay*, quisera persuadi-los de coisas parecidas. E quanto a ele, não deixaria de contar aos seus semelhantes, que por enquanto não estavam lá, as grandes maravilhas que tinha ouvido, com as quais estava muito encantado, como também os outros que estavam presentes.

Depois disso, todos se retiraram, desconfiando que o verdadeiro motivo das perguntas que ele nos havia feito baseava-se numa certa história estranha que já tínhamos ouvido dos franceses e que depois ouvimos também dos próprios índios, conforme se deduz do capítulo seguinte.

Claude d'Abbeville e Ives d'Evreux, Paris, 1614

anexo 2

As constelações indígenas brasileiras

Germano Bruno Afonso.

A observação do céu esteve na base do conhecimento de todas as sociedades antigas, pois elas foram profundamente influenciadas pela confiante precisão do desdobramento cíclico de certos fenômenos celestes, tais como o dia-noite, as fases da Lua e as estações do ano. O índio brasileiro também percebeu que as atividades de pesca, caça, coleta e lavoura obedecem a flutuações sazonais. Assim, ele procurou entender essas flutuações cíclicas e utilizou-as, principalmente, para a sua subsistência.

Frequentemente, tendemos a julgar a cosmologia de outras civilizações através de nossos próprios conhecimentos, desenvolvidos predominantemente dentro de um sistema educacional ocidental. Esse conhecimento é formal porque tende a ser suportado por documentos escritos, regras, regulamentos e infra-estrutura tecnológica. No entanto, a visão indígena do Universo deve ser considerada no contexto dos seus valores culturais e conhecimentos ambientais. Esse conhecimento local se refere às praticas e representações que são mantidas e desenvolvidas por povos com longo tempo de interação com o meio natural. O conjunto de entendimentos, interpretações e significados faz parte de uma complexidade cultural que envolve linguagem, sistemas de nomes e classificação, utilização de recursos naturais, rituais e espiritualidade.

Em 1612, o missionário capuchinho francês Claude d'Abbeville passou quatro meses com os tupinambá do Maranhão, perto da Linha do Equador. No seu livro *"Histoire de la Mission de Pères Capucins en l'Isle de Maragnan et terres circonvoisines"*, publicado em Paris, em 1614, considerado uma das mais importantes fontes

151

da etnografia dos tupi, ele registrou o nome de cerca de 30 estrelas e constelações conhecidas pelos índios da ilha. Infelizmente, ele identificou apenas algumas delas.

As observações do céu que realizamos com índios de todas as regiões do Brasil permitiram localizar a maioria das constelações tupinambá, apenas relatadas por d'Abbeville e de diversas outras etnias indígenas brasileiras.

Um dos motivos que nos incentivou a realizar este trabalho de resgate da astronomia indígena brasileira foi verificar que o sistema astronômico dos extintos tupinambá do Maranhão, descrito por d'Abbeville, é muito semelhante ao utilizado, atualmente, pelos guarani do sul do Brasil, embora separados pelas línguas (tupi e guarani), pelo espaço (mais de 2.500 km, em linha reta) e pelo tempo (quase 400 anos). Verificamos, também, que algumas das constelações dos índios brasileiros, utilizadas no cotidiano, são as mesmas de outros índios da América do Sul e dos aborígines australianos.

Os índios brasileiros davam maior importância às constelações localizadas na Via Láctea, que podiam ser constituídas de estrelas individuais e de nebulosas, principalmente as escuras. A Via Láctea é chamada de Caminho da Anta (Tapi'i rapé, em guarani) pela maioria das etnias dos índios brasileiros, devido principalmente às constelações representando uma Anta (Tapi'i, em guarani) que nela se localizam.

A comunidade científica conhece muito pouco do sistema astronômico indígena brasileiro que pode se perder em uma ou duas gerações. Esse risco ocorre pelo rápido processo de globalização e pelas dificuldades em documentar, avaliar, validar, proteger e disseminar os conhecimentos dos índios brasileiros. Recentemente, construímos um Planetário-Observatório Itinerante, patrocínio da Fundação Vitae, que nos auxiliará no resgate e na divulgação desses conhecimentos.

Neste trabalho, apresentamos as quatro principais constelações sazonais conhecidas pelos índios brasileiros que pesquisamos, sendo que duas delas também foram relatadas por Claude d'Abbeville: A Ema (*Rhea Americana*) e o Homem Velho.

A Constelação da Ema

Em relação à constelação da Ema, d'Abbeville relatou: "Os tupinambá conhecem uma constelação denominada *Iandutim*, ou Avestruz Branca, formada de estrelas muito grandes e brilhantes, algumas das quais representam um bico. Dizem os maranhenses que ela procura devorar duas outras estrelas que lhes estão juntas e às quais denominam *uirá-upiá*". Ele chamou de Avestruz Branca a constelação da Ema, no entanto, a avestruz (*Struthio Camelus Australis*) não é uma ave brasileira. A ema parece com a avestruz, mas é menor e de família diferente.

Na segunda quinzena de junho, quando a Ema (Guirá Nhandu, em guarani) surge totalmente ao anoitecer, no lado leste, indica o início do inverno para os índios do sul do Brasil e o início da estação seca para os índios do norte do Brasil.

A constelação da Ema fica na região do céu limitada pelas constelações ocidentais Crux e Scorpius. Ela é formada utilizando, também, estrelas das constelações Musca, Centaurus, Triangulum Australe, Ara, Telescopium, Lupus e Circinus.

A cabeça da Ema é formada pelas estrelas que envolvem o Saco de Carvão, uma nebulosa escura que fica perto da estrela α Crucis (Acrux). O bico da Ema é formado pelas estrelas α Muscae e β Muscae.

A Ema tenta devorar dois ovos de pássaro (Guirá-Rupiá, em guarani) que ficam perto de seu bico. Os ovos são as estrelas δ Muscae e γ Muscae.

As estrelas α Centauri (Rigel Kentaurus) e β Centauri estão dentro do pescoço da Ema. Elas representam dois ovos que a Ema acabou de engolir.

A parte de baixo do corpo da Ema começa a ser formada pela estrela β Trianguli Australis, passando pelas estrelas η Arae, ζ Arae e ε_1 Arae e pelas estrelas ζ Scorpii, μ_1 Scorpii, ε Scorpii, τ Scorpii, α Scorpii (Antares) e σ Scorpii, terminando em δ Scorpii.

Uma das pernas da Ema é formada pelas estrelas da cauda de Scorpius, começando na estrela δ Scorpii e termina nos dedos do pé representados pelas estrelas υ Scorpii (Lesath), λ Scorpii (Shaula) e SAO 209318. A outra perna começa na estrela ε_1 Arae, passa pela estrela α Arae e termina nos dedos do pé formado pelas estrelas α

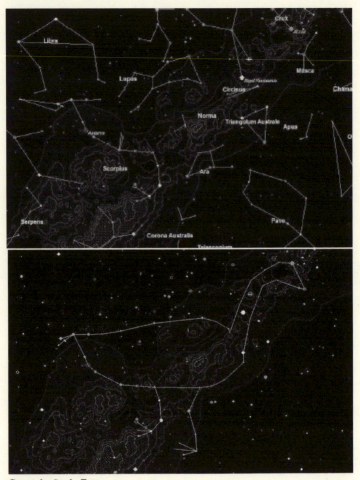

Constelação da Ema

Telescopii, ε Telescopii e ζ Telescopii.

A cauda da Ema é formada pelas estrelas δ Scorpii, $β_1$ Scorpii (Graffias), $ω_1$ Scorpii, $ω_2$ Scorpii e ν Scorpii, todas da garra de Scorpius.

A parte de cima do corpo da Ema, é formada pelas estrelas δ Scorpii, π Scorpii e ρ Scorpii também da garra de Scorpius, seguida pelas estrelas χ Lupi, γ Lupi, ε Lupi, κ Lupi e ζ Lupi, terminando na estrela β Circini, onde começa o seu pescoço.

Dentro do corpo da Ema, as manchas claras e escuras da Via Láctea ajudam a visualizar a plumagem da Ema.

A constelação Scorpius, excluindo suas garras e as

estrelas que estão acima de Antares, representa uma Cobra (Mboi, em Guarani) para os índios brasileiros, sendo Antares a sua cabeça. De fato, é muito mais fácil imaginar uma cobra que um escorpião nessa região do céu.

Ao sul do Trópico de Capricórnio, a constelação ocidental Scorpius é conhecida como de inverno e perto da Linha do Equador como de seca, tendo em vista que ela pode ser observada, ao anoitecer, nessas estações. Essa constelação, sem as garras, representa um cobra para os índios brasileiros.

A Constelação do Homem Velho

Em relação à constelação do Homem Velho, d'Abbeville relatou: "Tuivaé, Homem Velho, é como chamam outra constelação formada de muitas estrelas, semelhante a um homem velho pegando um bastão".

Na segunda quinzena de dezembro, quando o Homem Velho (Tuya, em guarani) surge totalmente ao anoitecer, no lado leste, indica o início do verão para os índios do sul do Brasil e o início da estação chuvosa para os índios do norte do Brasil.

A constelação do Homem Velho é formada pelas constelações ocidentais Taurus e Orion.

Conta o mito que essa constelação representa um homem cuja esposa estava interessada no seu irmão. Para ficar com o cunhado, a esposa matou o marido, cortando-lhe a perna. Os deuses ficaram com pena do marido e o transformaram em uma constelação.

A constelação do Homem Velho contém três outras constelações indígenas, cujos nomes em guarani são: Eixu (as Plêiades), Tapi'i rainhykã (as Hyades, incluindo Aldebaran) e Joykexo (O Cinturão de Orion).

Eixu significa ninho de abelhas. Essa constelação marca o início de ano, quando surge pela primeira vez no lado oeste, antes do nascer do Sol (nascer helíaco das Plêiades), na primeira quinzena de junho. Segundo d'Abbeville, os tupinambá conheciam muito bem o aglomerado estelar das Plêiades e o denominavam Eixu (Vespeiro). Quando elas apareciam afirmavam que as chuvas iam chegar, como chegavam, efetivamente, poucos dias depois. Como a constelação Eixu aparecia alguns dias

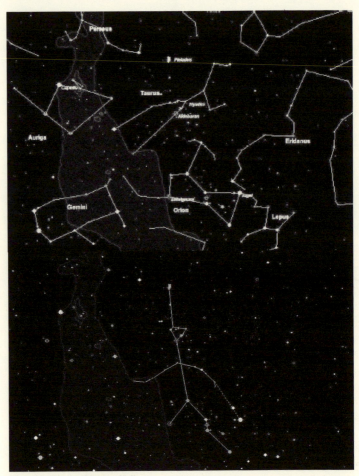

Constelação do Homem Velho.

antes das chuvas e desaparecia no fim para tornar a reaparecer em igual época, eles reconheciam perfeitamente o intervalo de tempo decorrido de um ano a outro.

Tapi'i rainhykã significa a queixada da anta e anunciava que as chuvas estavam chegando, para os tupinambá. Joykexo representa uma linda mulher, símbolo da fertilidade, servindo como orientação geográfica, pois essa constelação nasce no ponto cardeal leste e se põe no ponto cardeal oeste. Joykexo também representa o caminho dos mortos.

A cabeça do Homem Velho é formada pelas estrelas do aglomerado estelar Hyades em cuja direção se encontra α Tauri (Aldebaran), a estrela mais brilhante da constelação Taurus.

Acima da cabeça do Homem Velho fica o aglomerado estelar das Plêiades que representa um penacho que ele tem amarrado à sua cabeça.

O pescoço do Homem Velho começa em Aldebaran e termina na estrela O_2 Orionis, de onde partem seus braços.

Um de seus braços termina em ζ Tauri. O outro braço termina em π_6 Orionis, passando por todo o escudo de Orion.

A linha reta que vai de π_5 Orionis até β Orionis (Rigel), representa um bastão que o Homem Velho utiliza para se equilibrar.

A estrela γ Orionis (Bellatrix) fica na virilha do Homem Velho, sendo que a estrela vermelha α Orionis (Beltegeuse) representa o lugar em que sua perna foi cortada. O Cinturão de Órion (Três Marias) formado pelas estrelas δ Orionis (Mintaka), ε Orionis (Alnilam) e ζ Orionis (Alnitak) representa o joelho da perna sadia. A estrela κ Orionis (Saiph) representa o pé da perna sadia.

Ao sul do Trópico de Capricórnio, a constelação ocidental Orion é conhecida como constelação de verão e perto da Linha do Equador como de chuva, tendo em vista que ela pode ser observada, ao anoitecer, nessas estações.

A Constelação de Anta do Norte

A constelação da Anta do Norte é conhecida principalmente pelas etnias de índios brasileiros que habitam na região norte do Brasil, tendo em vista que para as etnias da região sul ela fica muito próxima da linha do horizonte. Ela fica totalmente na Via Láctea, que participa muito nas definições de seu contorno, fornecendo uma imagem impressionante dessa constelação. Existem outras constelações representando uma Anta (Tapi'i, em guarani) na Via Láctea, por isso chamamos essa constelação de Anta do Norte.

A Via Láctea é chamada de Caminho da Anta devido, principalmente, à constelação da Anta do Norte.

Na segunda quinzena de setembro, a Anta do Norte surge ao anoitecer, no lado Leste, indica uma estação de transição entre o frio e calor para os índios do sul do Brasil e entre a seca e a chuva para os índios do norte do Brasil.

A constelação da Anta do Norte fica na região do céu limitada pelas constelações ocidentais Cygnus

(Cisne) e Cassiopeia (Cassiopéia). Ela é formada utilizando, também, estrelas da constelação Lacerta (Lagarta), Cepheus (Cefeu) e Andromeda (Andrômeda).

A estrela α Cygni (Deneb) representa o focinho da Anta do Norte, sendo que 55 Cygni, ξ Cygni e 59 Cygni representam sua boca. O restante da cabeça é formado pelas estrelas 74 Cygni, σ Cygni, ν Cygni, 56 Cygni, 63 Cygni e π_2 Cygni.

As estrelas τ Cygni e 72 Cygni representam as orelhas da Anta do Norte.

A parte de cima do pescoço começa em SAO 51904 (2 Lacertae) e a parte de baixo em ζ Cephei.

A parte de baixo do corpo da Anta do Norte começa a ser formada pela estrela ζ Cephei, passando pelas estrelas β Cassiopeiae (Caph) e α Cassiopeiae (Schedar), terminando em ζ Cassiopeiae.

As duas pernas da frente começam em ζ Cephei, sendo que uma delas termina em α Cephei (Alderamin) e a outra termina ι Cephei. As duas pernas de trás começam em β Cassiopeiae (Caph), sendo que uma delas termina em κ Cassiopeiae e a outra em δ Cassiopeiae (Ruchbah).

A cauda da Anta do Norte é representada pelas estrelas ζ Cassiopeiae e μ Cassiopeiae.

A parte de cima do corpo da Anta do Norte é formada pelas estrelas ζ Cassiopeiae, ψ Andromedae e λ Andromedae, terminando na estrela SAO 51904, onde começa o seu pescoço.

A Constelação do Veado

A constelação do Veado é conhecida principalmente pelas etnias de índios brasileiros que habitam na região sul do Brasil, tendo em vista que para as etnias da região norte ela fica muito próxima da linha do horizonte.

Na segunda quinzena de março, o Veado surge ao anoitecer, no lado leste, indica uma estação de transição entre o calor e o frio para os índios do sul do Brasil e entre a chuva e a seca para os índios do norte do Brasil.

A constelação do Veado fica na região do céu limitada pelas constelações ocidentais Vela (Vela) e Crux (Cruzeiro do Sul). Ela é formada utilizando, também, estrelas da constelação Carina (Carina) e Centaurus (Centauro).

A estrela γ Velorum (Suhail Al Muhlif) representa o

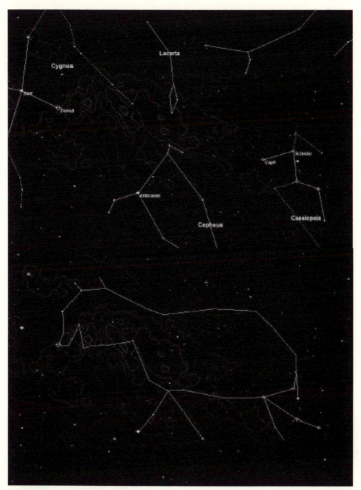

Constelação de Anta do Norte.

focinho do Veado, sendo que sua cabeça é formada pelas estrelas SAO220138, SAO 220803, λ Velorum (Alsuhail), SAO 220371 e SAO 220204.

Partindo da estrela λ Velorum até as estrelas ψ Velorum e SAO 200163, temos os dois chifres do Veado.

A parte de cima do pescoço começa em κ Velorum e vai até SAO 220803, a parte de baixo começa em δ Velorum e vai até SAO 220138.

A parte de baixo do corpo do Veado começa a ser formada pela estrela δ Velorum, passando pelas estrelas ι Carinae (Aspidiske), SAO 250683, θ Carinae, η Crucis, ζ Crucis, α Crucis e ε Crucis, terminando em δ Crucis.

A cauda do Veado é representada pelas estrelas δ Crucis, β Crucis e γ Crucis. A parte traseira do Veado é formada por todas as estrelas da constelação Crux.

As duas pernas da frente começam em SAO 250683 e θ Carinae sendo que uma delas passa por υ Carinae, terminando em β Carinae (Miaplacidus) e a outra termina em ω Carinae. As duas pernas de trás começam em η Crucis e ζ Crucis sendo que uma delas passa por λ Muscae e ε Muscae, terminando em γ Muscae e a outra passa por α Muscae e β Muscae, terminando em δ Muscae.

A parte de cima do corpo do Veado é formada pelas estrelas γ Crucis, π Centauri e φ Velorum, terminando na estrela κ Velorum, onde começa o seu pescoço.

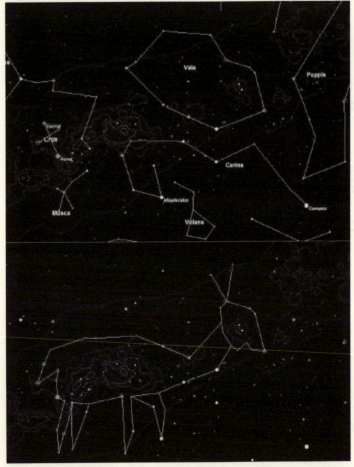

Constelação do Veado.

anexo 3

A impressionante
astronomia
dos índios
brasileiros

"... é sabido que todos os povos antigos faziam a leitura do céu. Se não fizessem não sobreviveriam."
Germano Afonso Bruno

O físico e astrônomo Germano Bruno Afonso, professor aposentado da Universidade Federal do Paraná, é um dos mais premiados cientistas nacionais. Mestre em ciências geodésicas (UFPR), doutor em astronomia e mecânica celeste pela Universidade de Paris VI, pós-doutorado em astronomia pelo observatório da Côte d'Azur (França), coordenador do curso de pós-graduação em física da UFPR (1984-1990), Prêmio Jabuti de 2000 com o livro didático *O Céu dos Índios Tembé* (2000), Germano é também o único brasileiro especialista em arqueoastronomia, uma ciência relativamente nova no país.

Mesmo com esse currículo invejável, o professor tem sido vítima de preconceito em virtude de sua dedicação ao estudo da astronomia dos índios brasileiros. Não são poucos aqueles que desconhecem o volume e a complexidade dos conhecimentos que nossos indígenas possuíam, e ainda possuem, acerca do céu. A seguir, uma entrevista com o professor, realizada por Rosana Bond.

O que é arqueoastronomia?
É a disciplina que estuda os conhecimentos astronômicos legados pelas culturas dos povos antigos, tais como os mesopotâmios, os egípcios, os gregos, os maias, os incas e os índios brasileiros. Estuda, principalmente, os monumentos líticos orientados para os pontos cardeais e para as direções do nascer e ocaso do Sol, da Lua ou de estrelas brilhantes, passíveis de medições astronômicas, que teriam uma utilidade prática na determinação do calendário e da orientação. Além disso, ela estuda a arte

rupestre com possível conotação astronômica.

A observação do céu esteve na base do conhecimento de todas as sociedades antigas, pois elas foram profundamente influenciadas pela confiante precisão do desdobramento cíclico de certos fenômenos celestes, tais como o dia-noite, as fases da Lua e as estações do ano.

O homem pré-histórico logo percebeu que as atividades de pesca, caça, coleta e lavoura obedecem a períodos sazonais. Assim, ele procurou registrar essas flutuações cíclicas e utilizou-as, principalmente, para a sua subsistência.

Como se originou a arqueoastronomia?

Em 1740, William Stukeley foi o primeiro a estudar Stonehenge, na Inglaterra, do ponto de vista astronômico. Ele percebeu que o eixo principal do monumento estava orientado na direção do nascer-do-sol no solstício do verão.

A arqueoastronomia desenvolveu-se com as pesquisas do astrônomo sir Joseph Norman Lockyer, fundador da conceituada revista britânica *Nature*. Ele forneceu explicações astronômicas mais detalhadas sobre os megálitos de Stonehenge e os menires (do baixo bretão: men — pedra e hir — longa) da Bretanha (França).

A partir de 1970, a arqueoastronomia começou a ser ministrada como disciplina em algumas universidades, sobretudo nos Estados Unidos e na Europa. Atualmente, as pesquisas nessa área se intensificam em todo o mundo.

E a arqueoastronomia no Brasil?

No Brasil, até o momento, lamentavelmente sou o único astrônomo profissional que se dedica ao estudo sistemático da arqueoastronomia.

Em 1991, estudamos um monólito (pedra isolada) vertical, com cerca de 1,50 m de altura, encontrado em um sítio arqueológico, às margens do rio Iguaçu, perto de onde foi construída a hidrelétrica de Salto Segredo (PR). Ele tinha quatro faces talhadas artificialmente, apontando para os quatro pontos cardeais. Em volta do monólito havia alinhamentos de rochas menores que, aparentemente, indicavam os pontos cardeais e as direções do nascer e do pôr-do-sol nas estações do ano.

Considerando que esse monólito talhado foi colocado na posição vertical e que muitas tribos brasileiras usavam e ainda usam o relógio solar, supus que o monólito poderia servir, também, como um relógio solar mais aperfeiçoado, pois poderia fornecer os pontos cardeais mesmo na ausência do sol.

Em 1996, durante pesquisas com a arqueóloga Maria Beltrão, encontramos em Central (BA) um monólito semelhante ao de Salto Segredo. Em 2001, na Ponta do Gravatá, Florianópolis, também encontramos um monólito de 1,50 m, com as faces talhadas para os pontos cardeais e rochas orientadas para o nascer e pôr-do-sol nos solstícios e equinócios.

Qual a importância dos achados brasileiros num contexto mundial?

A ilha de Santa Catarina, por exemplo, é rica em vestígios arqueológicos, sendo a região mais interessante do mundo que conhecemos, do ponto de vista da arqueoastronomia, em virtude da riqueza de seus megálitos (do grego: mega — grande e lithos — pedras) com orientação astronômica e de suas gravuras rupestres, do fácil acesso e da beleza do lugar. Desde outubro de 2001, estudamos algumas gravuras rupestres e alguns megálitos orientados de Florianópolis, juntamente com o antroPologo Adnir Ramos.

A que se deve essa riqueza de megálitos e gravuras rupestres em Florianópolis?

Nossa hipótese, formulada a partir das orientações astronômicas das rochas e das informações obtidas com índios de diversas regiões do Brasil, é que o local da maioria dos monumentos megalíticos orientados e das gravuras rupestres era utilizado como um centro xamânico relacionado com o sol e com as constelações mitológicas indígenas. É provavelmente o caso de Florianópolis.

Como tem sido suas pesquisas junto aos índios brasileiros?

Trabalho muito com os índios, com astronomia indígena, principalmente com os conhecimentos dos pajés.

Sou astrônomo profissional, mas trabalho com o conhecimento indígena do céu. Muito daquilo que digo se baseia no modo como os pajés me explicaram a fazer a leitura do céu. Este é o sentido de meu trabalho nos últimos anos, a arqueoastronomia e a astronomia dos índios brasileiros.

Nos monólitos que estudamos na usina de Segredo, na Bahia e Santa Catarina duas características nos chamaram a atenção. Primeiro, o fato delas possuírem uma orientação astronômica. Em segundo, sua altura — de 1,50m a 1,60m. Aí, conversando com os pajés, me explicaram os motivos da orientação e da altura. Os índios e os povos antigos não faziam astronomia só por fazer. Tudo tinha uma razão. Além da parte prática, com finalidade de orientação — os pontos cardeais — havia toda uma parte religiosa, de ritual, de culto aos mortos, de fertilidade etc., que também era ligada à astronomia. Por exemplo, para os tupi-guarani cada um dos pontos cardeais representa o domínio de um deus. O deus maior, que fica em cima da cabeça, é Nhanderu. Os demais quatros deuses, representados pelos pontos cardeais, foram aqueles que o ajudaram a fazer a Terra e todos os seus habitantes. Quanto à altura das pedras, os pajés explicaram que tal medida era para facilitar a mira do índio quanto à posição do nascer ou do pôr-do-sol, para ele se localizar melhor em relação às estações do ano. A pedra serve de mira, então você se afasta um pouco e ela tem que estar na altura dos olhos. E a altura dos olhos do índio era aquela.

Os índios brasileiros também utilizavam constelações para orientação e calendário?

Sim, a constelação do Cruzeiro do Sul, por exemplo, era usada para determinar os pontos cardeais, as horas da noite e as estações do ano. Há muitas gravuras e pinturas rupestres que representam uma cruz, em sítios arqueológicos. Para os índios da família tupi-guarani, a constelação do Cruzeiro do Sul tem também um sentido mitológico.

Fomos muito criticados, até por intelectuais, quando falamos que aqueles monólitos que estudamos tinham ligação com os índios e possuíam objetivos astronômicos. Porque o preconceito dizia que o índio brasileiro, o paranaense, catarinense etc. não tinha conhecimento nenhum de astronomia.

E isso me chocou, porque é sabido que todos os povos antigos faziam a leitura do céu. Se não fizessem não sobreviveriam.

Eles se baseavam num calendário próprio e desse modo sabiam as estações. E, de acordo com o clima, que animal iriam caçar, que fruto iriam colher, que peixe iriam pescar. Tudo isso vinha da leitura do céu. O contrário é que não é verdadeiro.

Como os índios brasileiros marcavam o mês e o ano?

O primeiro dia do mês era quando aparecia, do lado oeste, logo após o pôr-do-sol, o primeiro filete da Lua, depois do dia da Lua Nova, quando a Lua não é visível. O ano iniciava quando as Plêiades, conhecidas como "As Sete Estrelas", apareciam pela primeira vez, do lado leste, logo antes do nascer-do-sol, perto do dia 11 de junho, depois de cerca de um mês sem serem vistas. O conhecimento astronômico dos nossos índios aparece em inúmeras gravações rupestres no Paraná e Santa Catarina. Encontramos a representação de um cometa numa pedra aqui no Paraná. Se você mostrar para qualquer criança ela vai falar que é um cometa. Tem o núcleo, a cabeleira, a cauda. O desenho é perfeito. Inclusive a cauda não é reta. E por que?

Quando é a cauda de um cometa velho, ele só tem gás, então a cauda é reta devido ao vento solar. Mas quando o cometa é jovem, grande e brilhante ele solta "poeira" e a cauda é curva. Então se deduz que foi um cometa grande e brilhante que os índios desenhistas viram e representaram.

Localizamos também uma rocha que tem nada menos que 250 desenhos relacionados com o céu. Só para vermos que o nosso índio, desde a pré-história, já tinha cultura astronômica. Ao contrário do que muita gente diz.

É verdade que o sr. descobriu uma rosa dos ventos dos guaranis no Paraná?

Os guarani têm uma rosa-dos-ventos. Uma informação que li sobre a gênese guarani era de que no céu existiam palmeiras azuis representando os quatro deuses (os quatro pontos cardeais: norte, sul, leste, oeste) e suas quatro esposas (os pontos colaterais: nordeste, noroeste, sudeste, sudoeste) formando uma rosa-dos-ventos.

Os guarani dizem que tudo o que existe no Céu existe também na Terra. Porque a Terra nada mais é do que um reflexo do Céu. Aí começamos a procurar algum vestígio concreto disso. Até que um dia no Paraná, em Itapejara D'Oeste, na beira do rio Chopim, encontramos essa rosa-dos-ventos! Encontramos um círculo de palmeiras.

Colocamos o teodolito no meio do círculo e medimos as direções dessas palmeiras. O resultado é que deu exatamente os pontos cardeais e os pontos colaterais. Uma rosa dos ventos de palmeiras aqui na Terra!

Curioso notar que a palavra Itapejara não significa nada em guarani. No entanto, originalmente essa região se chamava Tapejara, que significa o "Caminho do Senhor". E certamente uma rosa-dos-ventos é um excelente guia.

Por que o sr. tem percorrido escolas da região sul ensinando astronomia indígena?

As constelações dos índios são bastante fáceis de observar. Notei algo curioso. As constelações da astronomia ocidental, as que constam em nossos livros, geralmente as pessoas leigas não conseguem ver.

Eu, como astrônomo, sei obviamente onde estão todas as principais estrelas de uma determinada constelação, mas consigo imaginar com dificuldade um Leão naquele tal lugar ou dois Peixes em outro lugar. Agora pensem numa criança, ou numa pessoa leiga no assunto, elas olham o céu e ficam decepcionadas.

Com as constelações indígenas isso não acontece. Não precisa forçar a imaginação, você olha e enxerga. Por que? Porque os índios não juntavam simplesmente as estrelas. Juntavam as estrelas brilhantes e formavam as figuras com as manchas claras e escuras da Via Láctea. Além disso, eles vêem mesmo determinado animal no céu. Como aquela brincadeira que a gente faz com as crianças, de enxergar desenhos nas nuvens.

Para o ensino da astronomia às crianças, as constelações indígenas são um auxiliar precioso. Quando elas aprendem as constelações indígenas — da Anta, do Veado, da Ema, da Cobra, da Canoa etc. — depois a ocidental fica mais fácil de ensinar. Primeiro você mostra a indígena e depois a ocidental. Assim ela não se decepciona e se sente incentivada a visualizar a outra.

Outra coisa interessante: você sabia que o mito do Saci Pererê, que muita gente pensa ser africano, é o Jacy Jaterê dos índios brasileiros? Significa "fragmento de Lua". A origem do Saci Pererê é a mitologia indígena e tem ligação com a astronomia.

Os Últimos Dias de Pompéia
EDWARD BULWER-LYTTON
ISBN 85-7618-042-1 • Formato 14 x 21 cm • 512 pp.

Em meio à tragédia que se abate sobre a cidade de Pompéia no ano de 79 d.C., quando as lavas do adormecido Vesúvio ressurgem petrificando para sempre o cotidiano e as riquezas de seus habitantes (aliás, uma alegre e imponente engrenagem de prazer!), ganha vida a atribulada história de amor entre o rico ateniense Glauco e a bela napolitana Ione. O romance surge num ambiente marcado pela inveja e pela maldade de Arbaces, cujo gélido semblante parece entristecer o próprio Sol. A qualquer preço o astuto mago egípcio pretende possuir sua jovem tutelada, e acaba por envolvê-la num plano sórdido e macabro que choca pela crueldade.

Pontuada por intrincados lances de puro lirismo, fé e feitiçaria, a trama envolve ainda os primórdios do cristianismo, que busca se afirmar numa cultura marcada pelo panteísmo e pela selvageria das arenas e sua sede de sangue.

Narrado brilhantemente por Edward Bulwer-Lytton, numa perspectiva presente, este instigante romance histórico, aqui condensado em um único volume, revela que a eterna busca do homem pelos valores superiores ultrapassa a própria História e até as grandiosas manifestações da natureza.

Com toda certeza, *Os Últimos Dias de Pompéia* é obra de enorme valor literário que vai conquistar o leitor brasileiro, assim como ocorreu em inúmeros países onde foi traduzido e se fez best-seller.

Haiawatha - Ramatís o mestre da raça vermelha
MARILÉA DE CASTRO / ROGER FERAUDY
ISBN 85-7618-073-1 • Formato 14 x 21 cm • 320 pp.

Este capítulo inédito e autêntico da história oculta do continente americano foi retirado dos registros suprafísicos e recontado fielmente pelos autores

Haiawatha, o grande mestre da raça vermelha — que o mundo já conheceu sob outros nomes célebres — encarnou entre o povo iroquês para concretizar um extraordinário projeto de paz e universalismo, que se materializou na Federação Iroquesa, com a união das cinco nações desse povo. Ele deveria ser estendido a todas as nações e povos da Terra.

Os elevados valores espirituais e éticos da raça vermelha — os toltecas emigrados da Atlântida — e a sua avançada organização socialista e fraterna, seu respeito inigualado à mãe-terra e todas as formas de vida, seu xamanismo e a visão espiritual, enfim, tudo o que a raça branca ignorou e ignora é resgatado nesta obra.

Relatos de amor e ódio, nobre coragem e traições, forças xamânicas e magia das sombras, tecem, com o quotidiano do povo iroquês, o pano de fundo da luta pela Federação, no cenário de beleza intocada da Terra da Neve Branca — a América do Norte de séculos atrás.

Esta obra desvenda a verdade sobre a extraordinária cultura dos peles-vermelhas, os filhos do Grande Espírito, que nunca olvidaram sua origem divina. Imprescindível a todos os espiritualistas bem informados, esse relato mostra a dimensão de uma futura proposta de convivência que aguarda a humanidade terrestre.

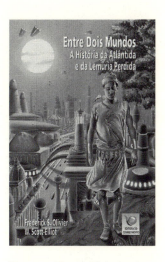

Entre Dois Mundos
A História da Atlântida e da Lemúria Perdida
FREDERICK S. OLIVIER / W. SCOTT-ELLIOT
ISBN 85-7618-068-5 • Formato 14 x 21 cm • 288 pp.

Entre as civilizações perdidas do planeta, não há outra que desperte mais fascínio que a Atlântida, seguida de perto pela Lemúria.

Esta obra contém dois livros que constituem a mais autêntica e fascinante descrição, já reunida, da Atlântida. Não se trata de pesquisas convencionais, ou especulações, mas de depoimentos reais de um clarividente de reconhecida seriedade, e de um ex-habitante de Poseidônis, a última ilha atlante.

O texto de W. Scott-Elliot é um clássico: o mais abrangente e esclarecedor sobre a totalidade da civilização atlante, a quarta raça-raiz planetária. Sua descrição das sub-raças, suas características, localização e expansão; a cronologia exata, pela primeira vez devidamente esclarecida, dos quatro sucessivos afundamentos do continente atlante; os mapas que caracterizam cada um dos períodos respectivos; as migrações que vieram a originar culturas tão diversas como a dos egípcios, gregos, maias, incas, peles-vermelhas, e as inúmeras informações sobre a magia e a decadência daquela grande raça etc., tudo permite qualificá-lo como o painel definitivo mais importante da literatura espiritualista sobre a civilização atlante. O autor é um clarividente inglês reconhecido no meio teosófico, e sua pesquisa foi feita diretamente nos registros akáshicos (a memória da natureza), uma garantia de autenticidade e sobriedade.

O texto do espírito Phyllos traz o depoimento real e emocionante de um atlante da última fase; um habitante de Poseidônis que relata suas aventuras e desventuras, amores e dramas em paralelo à mais precisa e detalhada descrição do último reino atlante – seus costumes, tecnologia, sistema educacional e político, arquitetura e urbanismo, espiritualidade, naves aéreas, suas colônias americanas – e sua decadência e catástrofe derradeira. Essa obra, inspirada a um jovem sensitivo de 17 anos, tornou-se um clássico da literatura da nova era de língua inglesa, e pela primeira vez surge no Brasil.

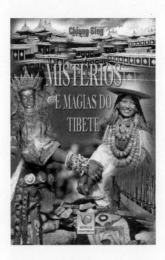

Mistérios e Magias do Tibete
CHIANG SING
ISBN 85-7618-081-2 • Formato 14 x 21 cm • 256 pp.

Tibete! Uma das regiões mais misteriosas do mundo.

A jornalista Chiang Sing, foi a primeira brasileira que conseguiu ingressar nessa terra ignota, e durante meses a atravessou no rumo da cidade sagrada de Lhasa, descobrindo no trajeto as facetas mais fascinantes da espiritualidade do seu povo, para relatar nesta obra.

Poderes psíquicos que produzem fenômenos quase inacreditáveis, tradições e festas ancestrais, a incrível materialização dos mestres no Festival de Wesak, a "sombra do Buda" numa caverna sagrada, instruções da sabedoria milenar dos lamas e seus ensinamentos secretos, predições surpreendentes, monges que levitam, rituais da magia das sombras, a fantástica eficácia de uma medicina milenar. Tudo isso e muito mais transita nestas páginas, enquanto em seu texto fácil e agradável, viajamos junto com a autora na vastidão do "país das neves".

Um sucesso editorial que retorna para fascinar novos leitores.

ANTIGA HISTÓRIA DO BRASIL
foi confeccionado em impressão digital, em fevereiro de 2025
Conhecimento Editorial Ltda
(19) 3451-5440 — conhecimento@edconhecimento.com.br
Impresso em Luxcream 70g. – StoraEnso